Nuevo Estilo

Ryo Tsutahara / Hiroko Tsuji / Shiho Miyagi

JN086986

Editorial ASAHI

PAÍSES HISPANOHABLANTES

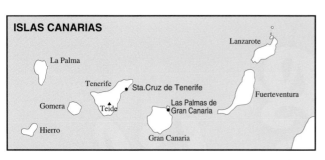

ISLAS CANARIAS

La Palma
Lanzarote
Tenerife
Sta.Cruz de Tenerife
Gomera
Teide
Las Palmas de
Gran Canaria
Fuerteventura
Hierro
Gran Canaria

Tijuana
Mexicali
ESTA
Río Grande
Ciudad Juárez
P. de la Baja California
Chihuahua
MÉ
Guadalajara
Mo
Ci
de
Po
Acapulco

ESPAÑA

Mar Cantábrico

FRANCIA

A Coruña
Gijón
Santander
Guernica
San Sebastián (Donostia)
ANDORRA
Santiago de Compostela
Oviedo
ASTURIAS
CANTABRIA
Bilbao
Lugo
C.Finisterre
GALICIA
León
PAÍS VASCO
Pamplona
Vitoria
NAVARRA
Jaca
Pontevedra
Astorga
Burgos
Logroño
Huesca
Figueres
Vigo
Orense
Palencia
LA RIOJA
Girona
Miño
CASTILLA-LEÓN
Soria
Zaragoza
CATALUÑA
Costa Brava
Zamora
Valladolid
Duero
Lleida
Oporto
Douro
Medina del Campo
ARAGÓN
Tarragona
Barcelona
Salamanca
Segovia
Tortosa
PORTUGAL
Ávila
Guadalajara
Teruel
Menorca
Coimbra
MADRID
Alcalá de Henares
Castellón de la Plana
Mallorca
Talavera de la Reina
MADRID
Cuenca
Palma de Mal
Tajo
Aranjuez
VALENCIA
Tejo
Toledo
Valencia
Cáceres
CASTILLA-LA MANCHA
Júcar
ISLAS BALEARES
C.da Roca
EXTREMADURA
Ibiza
LISBOA
Mérida
Alcázar de San Juan
Guadiana
Ciudad Real
Albacete
Formentera
Évora
Segura
Córdoba
Guadalquivir
Alicante
Elche
Huelva
Jaén
Murcia
Mar Mediterráneo
ANDALUCÍA
MURCIA
Sevilla
Granada
Cartagena
Málaga
Mulhacén
Almería
Cádiz
Costa del Sol
Algeciras
Gibraltar
Océano Atlántico
Estrecho de Gibraltar
Ceuta
ARGELIA
Melilla
MARRUECOS
Costa Blanca

はじめに
―本書の特徴―

文法の教科書として

　本書では発音から接続法過去まで、スペイン語文法を一通り扱っています。本書を通読することで、基礎的なスペイン語運用能力を習得することができるでしょう。

　本書の第一の特徴は学習事項に詳細な解説をつけている点にあります。これにより予習や復習など、一人での学習にも使いやすい教科書になっています。また、中級レベル以降、実際に自分で生きたスペイン語を運用する上でも本書はみなさんの力になることでしょう。

　複雑な文法事項については、日本語や英語を引き合いに出しながら説明している点も本書の大きな特徴です。特に、英語とスペイン語の間には類似点が多いので、英語はスペイン語学習における非常に有用な補助線となります。同様に、日本語や英語とスペイン語はどのような点で異なっているかを常に自問することはスペイン語の本質や特徴を浮き彫りにします。この意味においても、対照というアプローチはスペイン語を学ぶ上で有効です。この学習スタイルが、スペイン語の理解を容易にするだけでなく、日本語や英語という既に知っている言語について振り返り、気づきを得るきっかけになれば、著者としてこれ以上に嬉しいことはありません。

実践

　本書は 26 章からなり、各章の最後の 1 ページは練習問題です。ここでは作文・和文西訳問題を多く出題しています。言うまでもなく、文法を学ぶのは実際に自分で文を作り、理解するためです。手持ちの知識を組み合わせて文を組み立てるというプロセスを繰り返すことで、学習した事項の理解を深めましょう。

　もちろん、各文法事項の基礎的な反復練習も重要です。そこで「別冊見開き問題集」および、冒頭の QR コードからアクセスできる web ページにて本書で扱う文法事項を項目別に網羅したドリルを掲載しています。こちらでは穴埋め問題や選択問題など、反復練習用のシンプルな問題を中心に出題しています。併せて解答集も公開していますので、自習にも最適です。

語彙

　外国語を学ぶ上で、使用頻度の高い単語、熟語を早い段階で習得することは極めて重要です。スペイン語は書き言葉であっても、7割近くは最頻出の 1,000 語の繰り返しからなります。本書で学べる文法事項と最頻出語を把握することで、スペイン語を使える、そして楽しめる段階にまで到達できるでしょう。そのため本書には各所に語彙を増やすための工夫を施しています。また、先述の web ページではより発展的な語彙教材を紹介していますので、適宜参照してください。

　最後になりましたが、スペイン語の校閲を担当してくださった Esteban Córdoba 先生と、録音を担当して下さった Yolanda Fernández 先生、Daniel Quintero 先生、そして、こちらからの様々なお願いにいつも迅速かつご親切な対応をしてくださった朝日出版社の山田敏之さんに心よりお礼申し上げます。

著者

目次 Índice

アルフ
ベット

A a (a)	**B b** (be)	**C c** (ce)	**D d** (de)	**E e** (e)	**F f** (efe)	**G g** (ge)	**H h** (hache)	**I i** (i)
J j (jota)	**K k** (ka)	**L l** (ele)	**M m** (eme)	**N n** (ene)	**Ñ ñ** (eñe)	**O o** (o)	**P p** (pe)	**Q q** (cu)
R r (erre)	**S s** (ese)	**T t** (te)	**U u** (u)	**V v** (uve)	**W w** (uve doble)	**X x** (equis)	**Y y** (ye)	**Z z** (zeta)

▶1994 年までは ch と ll もアルファベットの１文字、y の名称は 2010 年まで i griega

基本の会話表現

1. ¡Hola! — やあ！こんにちは！
2. Buenos días. — おはようございます。
3. Buenas tardes. — こんにちは。
4. Buenas noches. — こんばんは。おやすみなさい。
5. ¡Hola, buenos días! — やあ、おはようございます！
6. ¿Qué tal? — 元気ですか。
7. ¿Cómo estás? — 元気ですか。
8. Muy bien, gracias. — とても元気、ありがとう。
9. Estoy bien. — 元気です。
10. Muchas gracias. — どうもありがとう。ありがとうございます。
11. De nada. — どういたしまして。
12. Adiós, hasta luego. — さようなら、また後で。
13. Hasta mañana. — また明日。
14. Encantado. / Encantada. — はじめまして。
15. Mucho gusto. — はじめまして。
16. Igualmente. — こちらこそ。
17. ¿Cómo te llamas? — お名前は？
18. ¿Cuál es tu nombre? — お名前は？
19. Soy José. — 私はホセです。
20. Me llamo María. — 私の名前はマリアです。
21. Mi nombre es Juan. — 私の名前はフアンです。
22. Soy estudiante. — 私は学生です。
23. Soy de España. — 私はスペイン出身です。
24. Soy de Japón. — 私は日本出身です。
25. Soy español. / Soy española. — 私はスペイン人です。
26. Soy japonés. / Soy japonesa. — 私は日本人です。
27. Estudio español. — 私はスペイン語を勉強しています。
28. Vivo en México. — 私はメキシコに住んでいます。
29. ¿Y tú? / ¿Y a ti? — 君は？ / 君には？
30. Yo también. / A mí también. — 私も。 / 私にも。

スペイン語の発音

スペイン語の母音は a, e, i, o, u の五種類。さらに、強母音と弱母音に分かれます。スペイン語の母音は日本語の母音よりもはっきり発音します。口を大きく開いて発音し、唇には少し力がかかった状態になります。

1.1. 母音

強母音

a：amar, año, algo, agua, amigo

e：empresa, equipo, España, efecto, enemigo

o：otro, obra, ojo, orden, origen

弱母音

i：información, idea, imagen, interés, igual

u：uno, uso, universidad, usuario, unidad

スペイン語の母音は概ね日本語の母音に似ていますが u は大きく異なります。スペイン語の u は唇を丸め、前に突き出すようにして発音します。

二重母音

強母音と弱母音、または弱母音と弱母音が並ぶと二重母音となります。二つの母音がくっついて**一つの母音**になる、という理解でよいでしょう。これは日本語にも起こる現象です。例えば、「生徒」という語を「せ-い-と」、se-i-to と発音することはほぼありません。一字一字はっきり発音したら奇妙です。「せぇ-と」/seₑ-to という発音になるのが普通でしょう。「生」(sei) は強母音 e と弱母音 i からなるので、弱母音 i が 強母音 e の一部になる、つまり二重母音となるわけです。スペイン語でも二重母音を母音ごとにはっきり発音すると不自然な発音になります。弱母音をことさら弱く、二つの母音を一拍で発音します。

ai: aire, paisaje, hay	**au**: autor, causa, restaurante
ia: social, historia, gracias	**ua**: cuatro, lengua, situación
ei: reino, aceite, ley	**eu**: euro, reunión, deuda
ie: bien, tiempo, siempre	**ue**: nuevo, bueno, pues
oi: coincidencia, hoy	**iu** : ciudad, premium
io: medio, servicio	**ui** : juicio, cuidado, muy

b : 日本語のバ行に近い音。　boca, bueno, bien

c : 後ろの母音が a, o, u もしくは子音なら [k] の音。　casa, cosa, cuna, clima
後ろの母音が e, i なら [θe] [θi] もしくは [se] [si] （地域による）。　cena, cinco
いずれにせよ、日本語の「シ」の音はスペイン語には存在しない。　×シンコ　○スィンコ

ch: 日本語のチャ行。　muchacho, chico

d : 語頭・語中なら [d] の音。　dar, dime, dónde
文末の d はほぼ発音しないか、英語の th 音 [θ]。　universidad, Madrid

f : 英語の f と同様の音。　favor, furioso, final

g : 後ろの母音が a, o, u, 子音なら [g] の音。　gato, gobierno, gloria
後ろの母音が e, i, ならかすれたヘ・ヒ [x]、日本語にも英語にもない音。　general, girar
後ろの母音が ue, ui ならゲ・ギ。üe, üiならグェ・グィ。　guerra, guión, bilingüe

h : 発音されない。　hijo, hablar, Alhambra

j : 後ろの母音に関係なく常に [x] （かすれたハ行）。　José, Japón, japonés

k : [k] の音。ただし、スペイン語では外来語にしか用いられない。　kárate, kilo

l : 英語の l ではない。舌先を上の歯茎に押し付けて発音。　lago, lado, loco

ll : 地域差のある音。ジャ行で発音されることが多い。　llorar, llamar, llegar

m : 英語の m, 日本語のマ行と同様の音。　mejor, mano, muro

n : 英語の n, 日本語のナ行と同様の音。　no, nada, nuevo

ñ : スペイン語に固有の文字。ニャ行で発音。　niño, España, español

p : 日本語のパ行に近い音。　puro, pelo, pero

q : 後ろに来る母音は、ue か uiのみ。ケ・キと発音。　queso, qué, quién

r : 語頭なら巻き舌。　radio, robar, romper
語中・語末なら日本語のラ行に近い。英語の r とはかなり異なる。　sonrisa, caro
語中でも rr と続いた場合は巻く。　perro, carro, correr

s : 日本語のサ行に近いが、「シ」の音はない。「スィ」。　salir, sol, siguiente

t : 日本語のタ行と同様の音。ただし ti は「ティ」、tu は「トゥ」。　tomar, tener, tiro

v : 英語の v とは異なり下唇は噛まない。むしろ、日本語のバ行に近い。故に、スペイン語
では b/v は同じ音。　volar, vacación, voluntad, vacuna

w : 外来語にのみ使用。基本的にワ行。　WhatsApp, wasapear, web

x : 語中なら [ks]。語頭、子音の前では [s]。　examen, exacto, xenofobia, explicación

y : 後ろに母音が来る場合はジャ行（地域による）。　ya, mayo
語末、一文字だけで使うなら [i] の音。　soy, y

z : [θ] または [s] の音（地域による）。スペイン語にザ行の音は存在しない。　cazar,
zurdo, voz

二重子音

b, c, d, f, g, p, t + l, r が並ぶと二重子音となります。二つの子音がくっついて一つの子音になったもの、と理解してください。

cable, libro, claro, croqueta, padre, ofrecer, global, siempre, trabajo

＊日本語母語話者は子音と子音の間に母音が入りがちなので気をつけましょう（×cabᵤle）

1.3. 音節とアクセント

音節

　二つ以上の母音からなる語は**母音を中心とした**音の塊に区切ることができます。これを音節といいます。語を正しく音節に分けることは語のアクセントの位置を理解するのに不可欠です。音節分けは以下のように行います。二重母音は一つの母音、二重子音および ch, ll, rr は一つの子音として扱います。

- 音節は基本的に**子音+母音**からなる: me-sa, ca-ma, bue-no, si-lla, tra-ba-jo
- 子音が二つ並ぶときは前後の母音に分けてつける: car-pe-ta, al-ma, Tal-go
- 子音が三つ並ぶときは前の母音に二つ、後ろの母音に一つつける: cons-ti-tu-ción
- 一見、二重母音でも弱母音にアクセント記号がついていれば独立した母音とみなし音節を分ける: co-mí-a, pa-ís, grú-a

アクセント

　一部品詞を除き、語にはアクセント、つまり強く発音する箇所があります。アクセント位置は以下のルールにより決まります。

- n, s 以外の子音で終わる語は最後の音節　　　: universi**dad**, juga**dor**, internacio**nal**
- 母音、n, s で終わる語は最後から二番目の音節: **va**so, na**ran**ja, **jo**ven, no**so**tros
- アクセント記号がついている語はその音節　　: pa**ís**, tam**bién**, in**glés**, **pá**gina

　アクセントとは「強く発音する」ことであって「長く発音する」ことではありません。日本語母語話者はアクセントのある音節を「強弱をつけずに長く発音する」傾向があるので注意しましょう: **ca**sa ○カサ　×カーサ

　　▶そもそもスペイン語には長母音は存在しません。一般的にスペイン語を母語とする日本語学習者にとってビールとビルを聴き分けるのは困難です。

✔️ Ejercicio

1 次の季節・曜日を表す単語について、アクセントのある音節に下線を引きましょう。 🎧 ①7

1) primavera
2) verano
3) otoño
4) invierno
5) lunes
6) martes
7) miércoles
8) jueves
9) viernes
10) sábado
11) domingo

2 次の1〜12月を表す単語について、アクセントのある音節に下線を引きましょう。 🎧 ①8

1) enero
2) febrero
3) marzo
4) abril
5) mayo
6) junio
7) julio
8) agosto
9) septiembre
10) octubre
11) noviembre
12) diciembre

3 次のスペイン語圏の人名について、アクセントのある音節に下線を引きましょう。 🎧 ①9

1) Alejandro
2) Ana
3) Arturo
4) Carlos
5) Carmen
6) Diego
7) Felipe
8) Francisco
9) Gabriel
10) Jorge
11) José
12) Juan
13) María
14) Pablo
15) Raquel

4 次のスペイン語を発音しましょう。 🎧 ①10

1) África
2) América
3) Asia
4) Europa
5) Hispanoamérica
6) Latinoamérica
7) Mar Caribe
8) Mar Mediterráneo
9) Océano Atlántico
10) Océano Pacífico
11) Península Ibérica

2 主語の作り方1

文には必ず、**主語と述語**が存在します。本章では前者の作り方を学びます。主語の中心は**名詞**です。主語は一語の名詞からなることもあれば、名詞と修飾語からなる**名詞句**であることもあります。本章と次章のゴールは名詞に**冠詞**や**形容詞**、**指示詞**、**前置詞**等を付加し、複雑な名詞句を作れるようになることです。

2.1. 名詞

スペイン語の名詞を扱う上で知っておかなければならないことが二つあります。スペイン語の名詞には**単数・複数**という**数の区別**があること、そして**男性・女性**という**文法上の性の区別**があることです。

2.1.1. 単数形と複数形

母音で終わる語であれば語末に -s をつければ複数形になります。

libro > libros　　　　manzana > manzanas　　　　mesa > mesas
＊日本語母語話者は発音する際に -s の後ろに母音を入れてしまいがちなので注意（×librosu）

子音で終わる語は -es をつけることで複数形になります。

papel > papeles　　flor > flores　　universidad > universidades

z で終わる語であれば、複数形にする際 z が c になります。

vez > veces　　　　lápiz > lápices

複数形にする際アクセント記号を打つ、または取り去る場合があります。

acción > acciones　lección > lecciones
joven > jóvenes　　examen > exámenes
◆なぜこのようになるのかを考えてみましょう。

2.1.2. 男性名詞と女性名詞

　スペイン語の名詞には性別があります：**男性名詞と女性名詞**。名詞を使いこなす、ひいては適切に主語を作るには、扱う名詞が男性なのか女性なのかを把握していなければなりません。名詞の性は個別に覚えるしかないものもありますが、形から判断できることも多いです。以下のルールは覚えておきましょう。

- **-o** で終わる名詞は男性：libro, vaso, tiempo
- **-a** で終わる名詞は女性：casa, nota, carpeta
- ただし例外多数：mapa, problema, día（a で終わるが男性）
  　　　　　　　 mano, foto, moto, radio（o で終わるが女性）
- **-ción, -sión, -dad, -tad** で終わる語は女性：estación, comisión, universidad, amistad
- **-nte, -ista** で終わる名詞は男女同形：estudiante, artista
- 実際の性別と文法上の性は一致：padre, hombre, actor（男性）
  　　　　　　　　　　　　　　 madre, mujer, actriz（女性）
- 生物名詞は語尾 **-o/-a** の入れ替え可能　　　：chico/chica, dominicano/dominicana
- 子音で終わる生物名詞に **-a** をつけると女性形に：japonés > japonesa, español > española

2.2. 主格人称代名詞

　「私は」や「君は」、英語の *I* や *you* 等、主語として使える代名詞を主格人称代名詞といいます。スペイン語の主格人称代名詞には以下のものがあります。

	単数	複数
一人称	yo 私は	nosotros 私たちは nosotras 私たちは（女性のみ）
二人称	tú 君は	vosotros 君たちは vosotras 君たちは（女性のみ）
三人称	él 彼は ella 彼女は usted 貴方は	ellos 彼らは ellas 彼女らは ustedes 貴方たちは

2.3. 冠詞

スペイン語にも、英語と同様に不定冠詞と定冠詞があります。入門段階では、不定冠詞が「一つの」や「とある」、定冠詞は「その」という理解で構いません。重要なポイントはスペイン語では不定冠詞も定冠詞も名詞の性と数に応じて形が変わるということです。

「単数と複数×男性と女性」でそれぞれ四種類の形があります。

不定冠詞

	単数	複数
男性	un libro	unos libros
女性	una casa	unas casas

定冠詞

	単数	複数
男性	el libro	los libros
女性	la casa	las casas

これ以外にも以下のポイントを覚えておきましょう。

● 冠詞は意味をほとんど持たない品詞です。しかし例外的に不定冠詞の複数形には「いくつかの」*some/about* というしっかりとした意味があります：

un libro ʻ*a book*ʼ, unos diez minutos ʻ*about ten minutes*ʼ

● 定冠詞にはアクセントがありません。**弱く**発音することを心がけましょう：

el libro, las casas

● スペイン語の普通名詞を主語にする場合、**基本的に必ず冠詞**（またはそれに準じる限定詞）をつけます。主語が「裸」になることはスペイン語ではほぼないと考えて構いません。英語では往々にして主語が裸になりますので区別しておきましょう：

Los perros son bonitos. ʻ*Dogs are cute.*ʼ

2.4. 接続詞

スペイン語における最頻の**接続詞**として、**y** ʻ*and*ʼ と **o** ʻ*or*ʼ があります。これらを使用することで、より複雑な名詞句を作ることができます。接続詞も定冠詞同様、アクセントを持ちません。弱く発音しましょう。

mesa y silla	jamón y queso	Platero y yo	tú y yo
inglés o español	béisbol o fútbol	perro o gato	él o ella

y の後に来る名詞が (h) i で始まる場合、接続詞 y は **e** となります。同様に、接続詞 o の後ろに来る名詞が (h) o で始まる場合は **u** となります。

español e inglés（×español y inglés）　　　flor u hoja（×flor o hoja）

✔ Ejercicio

1 不定冠詞を入れ、和訳しましょう。

1) (　　　　　　　) minuto

2) (　　　　　　　) hora

3) (　　　　　　　) día

4) (　　　　　　　) semanas

5) (　　　　　　　) meses

6) (　　　　　　　) años

2 定冠詞を入れ、和訳しましょう。

1) (　　　　　　　) ciudad

2) (　　　　　　　) manos

3) (　　　　　　　) foto

4) (　　　　　　　) niño

5) (　　　　　　　) turista

6) (　　　　　　　) información

7) (　　　　　　　) flores

8) (　　　　　　　) programa

9) (　　　　　　　) objetivos

10) (　　　　　　　) lecciones

3 次の日本語をスペイン語にしましょう。

1) 一杯のコーヒー

2) それらの試験

3) 何人かの友達

4) 一冊の本と数本の鉛筆

5) 一台のテレビと一台のラジオ

6) 君とその猫

7) あなたと私

8) 彼らか私たち

9) 一人のスペイン人

10) その日本人

11) 何人かのイギリス人たち

12) あるアメリカ人

Vocabulario

café, examen, amigo, libro, lápiz, televisión, radio, gato, español, japonés, inglés, estadounidense

Capítulo
3

主語の作り方2

3.1. 形容詞

冠詞＋名詞という名詞句だけでも主語として機能しますがそこに形容詞を加えると、さらに表現の幅が広がります。スペイン語の形容詞を扱う際に重要なポイントは以下です。

- 基本的に名詞の後ろに置く: un hombre **alto**（×un alto hombre）'*a **tall** man*'
- 冠詞同様、名詞の性数にあわせる: un niño pequeñ**o** > unos niños pequeñ**os**, una casa roj**a** > unas casas roj**as**
- 男性単数形が -o で終わらないなら男女同形: un libro interesante, una historia interesante
- 名詞同様、母音で終われば -s、子音で終われば -es を付加することで複数形に: nacional > nacionales
- ただし、良し悪しを表す形容詞 bueno/malo は名詞の前に置く。男性単数名詞の前では buen, mal となる: un buen/mal hombre（×un bueno/malo hombre）'*a good/bad man*' cf. una buena/mala mujer '*a good/bad woman*'
- 量を表す形容詞も基本的に名詞の前に置く。また、典型例である mucho は限定詞でもあるので冠詞とは用いない: muchas casas（×las muchas casas）'*many houses*'（×*the many houses*）
- grande「大きい」は単数名詞の前で gran となり、意味も「偉大な」に変わる: una mujer grande ≠ una gran mujer
- grande 以外では、pobre, nuevo, viejo 等も同様に前置可能。名詞の前後で意味が変わる: un hombre pobre ≠ un pobre hombre

3.2. 数詞

形容詞の一種に数詞があります。

1: uno **2**: dos **3**: tres **4**: cuatro **5**: cinco **6**: seis **7**: siete **8**: ocho **9**: nueve **10**: diez

数詞は名詞の前に置きます。形容詞と違って性数変化はありません（uno は除く）。

cuatro libros（×libros cuatros）'*four books*'

▶巻末資料　数字

3.3. 指示形容詞

　「こそあど言葉」に相当する語のことを指示詞といいます。「この本」、「あの街」というように、**指示詞は名詞を修飾するために用いられるので、形容詞の一種です。**

	この	その	あの
男性単数	**este** libro	**ese** libro	**aquel** libro
女性単数	**esta** mesa	**esa** mesa	**aquella** mesa
男性複数	**estos** libros	**esos** libros	**aquellos** libros
女性複数	**estas** mesas	**esas** mesas	**aquellas** mesas

● 形容詞なので、名詞の性数に応じて形を変える
● 名詞の前に置くのが基本。意味は定冠詞に近いため、冠詞との併用は不可（×el este libro）
　＊後置すると皮肉のニュアンス: el chico este

3.4. 前置詞 ①

　前置詞＋名詞（句）からなる**前置詞句も名詞を修飾**することができます。このことから、**前置詞句は複数の語からなる形容詞**、といえます。前置詞の直後に置かれた場合、yo は **mí**, tú は **ti** となります。

de : *of, from* に相当　▶直後に男性単数定冠詞 el が来る場合、**del** に縮約
　　　un libro de José　　　　　　las novelas de un escritor español
　　　los estudiantes de Francia　　los chicos de una ciudad hermosa
　　　el contenido del programa（×el contenido de el programa）
　　　Guillermo del Toro（×Guillermo de el Toro）

a : *to, at* に相当　▶直後に男性単数定冠詞 el が来る場合、**al** に縮約
　　　el viaje a España　　　　　su llegada a Buenos Aires
　　　la atención al cliente　　　un mitin a las 16:00
　　　el acceso al mar　　　　　un regalo al rey

en : *in, on, at* に相当
　　　una casa en ese país　　una universidad en Madrid　　algo en mí
　　　la situación económica en Alemania　　Alicia en el país de las maravillas

con : *with* に相当　▶ただし mí, ti と使う場合は **conmigo** '*with me*', **contigo** '*with you*'

café con leche	pan con tomate	novela con muchas fotos
viaje <u>conmigo</u>	paseo <u>contigo</u>	conversación con él

sin : *without* に相当

café sin azúcar	examen sin necesidad	envío sin coste
viaje sin mí	paseo sin ti	conversación sin él

para : 目的・対象を表す *to, for* に相当

esfuerzo para el futuro　　cuentos para niños　　regalo para mí

entre : 何かに挟まれた、何かの間にある時・場所を表す *between, among* に相当

entre nosotros　　entre el hospital y el supermercado

sobre : *about, on* に相当

una novela sobre la libertad　　las naranjas sobre la mesa

durante : *during* に相当

descanso durante el viaje　　actividades durante el confinamiento

3.5. まとめ―主語の作り方

前章と本章で名詞とその修飾語の扱いを学んだことで様々な主語を作れるようになりました。

名詞単独
- **主格代名詞**：yo, tú, él, ella, usted, nosotro(a)s, vosotro(a)s, ello(a)s, ustedes
- **固有名詞**：Juan, María, José, José María
  - ▶これらの語は冠詞や形容詞による修飾不可

名詞句
- **限定詞（冠詞/指示詞/数詞）＋名詞**：el libro, una estudiante, esta mesa, (los) tres jugadores
  - ▶普通名詞を主語にするには基本的に冠詞などの限定詞が必須
- **限定詞＋名詞＋形容詞**：el profesor alto, esta buena abogada, dos jóvenes españoles
- **限定詞＋名詞＋前置詞句**：aquellos cantantes de Argentina, una universidad en Barcelona
- **限定詞＋名詞＋形容詞＋前置詞句**：una novela interesante para niños

✓ Ejercicio

1 適切な指示詞を入れ、形容詞を名詞の性数に一致させましょう。

1）（これらの）perros（blanco）

2）（その）ventana（grande）

3）（あの）gafas（negro）

4）（それらの）excursiones（divertido）

5）（あれらの）problemas（difícil）

6）（この）（malo）tiempo

7）（この）（grande）reina

8）（あの）（bueno）rey

2 次の日本語をスペイン語にしましょう。人物を表す語は男女両方を作ること。

1）一人のスペイン出身の背の高い先生

2）こちらの５人の日本人アーティストたち

3）アルゼンチンにある、その* タンゴの良い学校　　　*定冠詞

4）学生向けの、何台かの新品のパソコン

5）それらの* 無塩の料理　　　*指示詞

6）その* 選手の、あれらの素晴らしいゴール　　　*定冠詞

7）あるメキシコ人からホセへのたくさんの手紙

8）世界経済に関するあの重要な情報

Vocabulario

profesor, alto, España, artista, japonés, escuela, tango, Argentina, ordenador, nuevo, estudiantes, plato, sal, gol, fantástico, jugador, carta, mexicano, información, importante, la economía mundial

Capítulo

4

述語の作り方

本章ではスペイン語の述語の作り方について学びます。文は主語と述語からなると説明しました。主語の中心が名詞なら述語の中心は動詞です。まずはスペイン語における動詞の取り扱いを学びましょう。

スペイン語の動詞は必ず、-ar, -er, -ir という三種類の語尾のいずれかで終わります: hablar, comer, escribir。これらの語尾で終わる動詞の原形を**不定詞**といいます。動詞は辞書などでは不定詞形で掲載されています。しかし述語に使う動詞は不定詞のままではいけません。例えば、El hombre hablar español. は非文法的です。**実際に動詞を文の中で使用する際には動詞を活用させる必要があります**。現時点では「**活用＝動詞を変形することで主語と時制に関わる情報を載せること**」と理解しておいてください。

4.1. 直説法現在の活用

スペイン語には様々な時制がありますが、まずは本章で**現在形**の規則活用から学びます。動詞の活用は以下の手順で行います。

1. 不定詞の語尾を確認：hablar, comer, escribir
2. 語尾を消す。不定詞から語尾を除いたものを語幹という：hablar, comer, escribir
3. 語幹に活用語尾を付加する
   - **-ar 動詞**：yo -**o**, tú -**as**, él -**a**, nosotros -**amos**, vosotros -**áis**, ellos -**an**
   - **-er 動詞**：yo -**o**, tú -**es**, él -**e**, nosotros -**emos**, vosotros -**éis**, ellos -**en**
   - **-ir 動詞**：yo -**o**, tú -**es**, él -**e**, nosotros -**imos**, vosotros -**ís**, ellos -**en**

	hablar	**comer**	**escribir**
yo	habl**o**	com**o**	escrib**o**
tú	habl**as**	com**es**	escrib**es**
él/ella/usted	habl**a**	com**e**	escrib**e**
nosotros, -as	habl**amos**	com**emos**	escrib**imos**
vosotros, -as	habl**áis**	com**éis**	escrib**ís**
ellos/ellas/ustedes	habl**an**	com**en**	escrib**en**

たとえば、hablo という活用形において、-o という語尾がついていることから、**主語が yo**、そして「話す」という**動作が現在に行われている**ことがわかります。学習者にとって悩みの種となることの多い動詞の活用ですが、慣れてしまえばたった数文字にこれだけの情報を載せられる、非常に合理的な表現手段でもあります。直説法現在形には以下の用法があります。また、<u>スペイン語では主語が一人称と二人称であれば省略されることが一般的です。</u>

- 現在の習慣を表す　：(Vosotros) Estudiáis español mucho.
- 現在の状態を表す　：(Yo) Vivo en Madrid y ella vive en Barcelona.
- 未来の出来事を表す：Mañana (nosotros) cantamos en la escuela.
  ▶実現の可能性が高ければ、未来の出来事を表す際にも未来形より現在形が好まれる：21章

4.2. 他動詞と目的語

　「**スペイン語を話す**」「**パエリアを食べる**」「**マリアを愛している**」。動詞の中には何らかの対象に向けた動作を表すものがあります。そうした動詞のことを**他動詞**、そして**動作の対象を表す名詞(句)を目的語**といいます。他動詞は原則的に目的語を伴います。そのため他動詞と目的語からなる動詞句を正確に作る、理解することは不可欠です。

　基本的には英語と同様、目的語は動詞の後ろに置きます：hablar **español** '*speak Spanish*', comer **paella** '*eat paella*'。ただし、<u>特定の人物を目的語とする際には目的語の直前に前置詞 **a** を置く</u>というルールがスペイン語には存在します。つまり、「私はマリアを愛している」は Yo amo María. ではなく Yo amo **a** María. となります。

4.3. 副詞

21

　名詞を形容詞で修飾することでより複雑な内容を表せるように、**動詞や形容詞は副詞で修飾する**ことができます。また、**副詞は別の副詞を修飾する**ことがあります。動詞だけでも述語として機能しますが、それだけでは表現の幅に限界があります。そこで、より多くの情報を伝達するために、動詞を副詞で修飾します。副詞は他の品詞と比べ語順が自由ですが動詞の後ろに置かれることが多いです。

最頻出副詞

así, mucho, bien, además, ahora, siempre, solo, antes, después, hoy, mañana, ya, aquí

副詞は「形容詞の女性形+-mente」で作成可能

rápido > rápidamente, especial > especialmente, actual > actualmente

また、英語の *very* に相当する副詞 **muy** も覚えておきましょう：muy bien '*very well*', muy interesante '*very interesting*'

4.4. 前置詞句と副詞

　前章では頻出の前置詞について学び、前置詞＋名詞（句）からなる<u>前置詞句が形容詞としての機能を持つ</u>ことを確認しました。しかし、前置詞句の機能はそれだけではありません。以下の例の通り、前置詞句は述語も修飾します。つまり、<u>前置詞句には副詞としての機能もあります。</u>**前置詞句は実質的に形容詞・副詞である**、ということを理解しておくことは今後、複雑な文の構造や関係詞を学ぶ上で非常に重要です。

Vivo <u>en Salamanca</u>.　▶en Salamanca が Vivo を修飾している：**動詞を修飾＝実質的に副詞**
Hablamos con ellos.
Ella estudia mucho para aprobar el examen.

4.5. まとめ―述語の型

動詞一語

- hablar, comer, vivir, andar, tomar, beber, escribir, etc.

動詞句

- 動詞＋目的語：hablar japonés, comer paella valenciana, amar a María
- 動詞＋副詞：hablar bien, comer mucho, vivir tranquilamente
- 動詞＋前置詞句：hablar con ellos, estudiar para el futuro, vivir en Granada
- 動詞＋目的語＋副詞＋前置詞句：comer muy buena paella tranquilamente en Valencia

覚えておきたい最頻出の動詞

llegar, llevar, dejar, quedar, presentar, tratar, utilizar, llamar, esperar, trabajar, buscar, recibir, abrir, necesitar, leer, aprender, comprar, vender

✔ Ejercicio

1 次の動詞を指定の主語で現在形に活用させましょう。

1) estudiar (yo)

2) vender (él)

3) vivir (tú)

4) comprar (ustedes)

5) abrir (ellas)

6) llevar (vosotros)

7) beber (usted)

8) recibir (nosotros)

2 次の日本語を 1 〜 2 単語のスペイン語にしましょう。

1) 私たちは話す。

2) 君たちが走る。

3) 君は必要とする。

4) あなたが開ける。

5) 私は食べる。

6) 彼女らは学ぶ。

3 作文しましょう。

1) 君たちはよく働いている。

2) 私は今日は新聞を読んで、試験に向けて勉強をする。

3) 私は今タクシーを探す。君はマリアと一緒にパブロを探す。

4) 彼らはいつも電話をして、たくさん話す。

5) 君はプログラムを完璧に使う。

6) マヌエルは日本に住んでいる。明日スペインに着く。

Vocabulario

correr, trabajar, leer, el periódico, estudiar, el examen, buscar, un taxi, llamar por teléfono, hablar, utilizar, el programa, perfecto, Manuel, vivir, Japón, llegar, España

5

文の作り方

これまでに学んだ知識を組み合わせることで、様々な文を作ることができます。「私は話す」程度の短い文であれば、Yo hablo. と瞬時に形成できるかもしれません。しかし、「その国際的な大学の、賢い学生たちは今日、アルゼンチン人の先生とスペイン語を勉強する」くらいの長さの文になると、慣れるまでは瞬時に作ることは難しいのではないでしょうか。

既に繰り返し述べている通り、人間の言葉には構造があります。言葉の並べ方にはルールがあると言い換えてもいいでしょう。慣れるまでは、この構造を意識しながら、一つずつ、段階を踏みながら文を作ることが重要です。本章前半では、上記の文を例に、文を作る際にどのような段階をどのような順番で踏んでいくのかを学びます。

5.1. 主語を確定させる

基本的に、いかなる文にも主語と述語があります。そして、述語の中心は動詞であり、動詞の形は主語に応じて変わります（活用）。したがって、主語が明確になっていなければ、文は完成しようがありません。そのため、まず、主語が何かを確認します。「その国際的な大学の、賢い学生たちは今日、アルゼンチン人の先生とスペイン語を勉強する」の場合では、「その国際的な大学の賢い学生たち」が主語です。まずはこの部分をスペイン語にすることを考えます。

ここでありがちなミスは、左から順に日本語をスペイン語にしようとすることです。2 章で説明した通り、スペイン語の主語は基本的に冠詞や指示詞等を伴います。しかし、冠詞も指示詞も修飾する名詞に応じて形が変わります。つまり、名詞の形が決まらなければ、冠詞や指示詞を使えないのです。したがって、まず名詞の形を考えます。「その国際的な大学の賢い学生たち」の場合、「その」も「国際的な大学の」も「賢い」も「学生たち」という名詞を修飾しているわけなので、「学生たち」から置きます。複数形にすることも忘れずに。

> その国際的な大学の賢い estudiantes

名詞が estudiantes（男性・複数）であることが決まったことで、冠詞や形容詞の形が決まります。**男性複数形で統一**します。

> その国際的な大学の Los estudiantes inteligentes

最後に「その国際的な大学の」という句で、los estudiantes inteligentes を修飾します。「大学」という**名詞で los estudiantes inteligentes という名詞句を修飾（説明）するので、前置詞の使用を考えます**。前置詞＋名詞 という句は形容詞相当の働きをするのでした。前置詞は名詞を形容詞的に機能させるためのコネクター、とも言い換えられます。この場合、学生たちは大学に所属しているということなので、de を使います。以下のように書けるでしょう。

> Los estudiantes inteligentes de esa universidad internacional

述語を考える

　これで主語ができました。次に述語、「今日、アルゼンチン人の先生とスペイン語を勉強する」を考えましょう。述語の中心は動詞です。まずここからはじめましょう。このケースでは estudiar「勉強する」ですが、<u>主語が三人称複数なので、動詞を三人称複数の現在形に活用させます</u>。

> estudian 今日、アルゼンチン人の先生とスペイン語を

　「スペイン語を」という部分は estudiar という行為の対象ですから目的語です。こうした普通名詞を目的語として使う場合、通常、動詞の後ろに置きます。

> estudian español 今日、アルゼンチン人の先生と

　残る、「今日」と「アルゼンチン人の先生と」は動詞を修飾しています、つまり副詞相当の働きをします。前者は hoy という単一の副詞があるのでそれを使えばいいでしょう。一方、後者はやや複雑です。見方を変えれば、「アルゼンチン人の先生」という名詞句で「勉強する」という動詞を修飾するわけです。ここでも便利なのが前置詞です。前置詞には名詞を副詞的に機能させることもあるのでした。「〜と」ですから con を使い、con un profesor argentino でよいでしょう。副詞、副詞相当の句の語順は自由度が高いですが、動詞（句）の後ろに来ることが多いです。したがって、

> estudian español hoy con un profesor argentino

となります。これを先の主語と組み合わせれば、文が完成します。

Los estudiantes inteligentes de esa universidad internacional estudian español hoy con un profesor argentino.

5.3. まとめ—作文のポイント

本章では長めの文を作るための手法を学びました。一つの文を作るのに様々な文法事項を考慮しなければならないことをおわかりいただけたでしょうか。ポイントは以下のようにまとめられます。

- 文は主語と述語に分かれる
- 主語の中心は名詞、述語の中心は動詞
- 動詞の形は主語に依存するため、まず、主語から作る
- 主語の中心は名詞でその修飾語（形容詞・指示詞、etc.）は名詞の性数に一致するため、名詞の性数は入念に確認
- それ以外にも前置詞＋名詞(句)という句でも名詞の修飾は可能
- 述語の中心は動詞、主語の人称と数にあわせて活用する
- 動詞にさらに情報を加えるのは目的語、副詞、前置詞句

5.4. 否定文と sí/no 疑問文

スペイン語の否定文の作り方は容易で、活用した動詞の前に no を置くだけです。
No vives en Alicante. '*You don't live in Alicante.*'
Los estudiantes **no** estudian mucho.

sí '*yes*' か **no** '*no*' で答えられる疑問文も容易で、基本的に、特殊な助動詞を使う必要はなく、文を ¿ ? で囲めば疑問文となります。語順も自由で、【主語＋動詞】のままでも構いませんし、英語のように【動詞＋主語】でも大丈夫です。ただし、口で発音する際には、大げさなくらい語尾を上げることを忘れないでください。

¿Hablas español**?** – Sí, hablo español.
　　　　　　　　 – No, no hablo español.
　　　　　　　　　　　▶二つ目の no は英語の *not* に相当する副詞 '*No, I don't speak Spanish.*'
¿Los estudiantes estudian mucho**?** / ¿Estudian mucho los estudiantes**?**

☑ Ejercicio

1 次の日本語をスペイン語にしましょう。

1）数名の利口な子供たち

2）3個の赤いリンゴ

3）7匹の大きな犬

4）あの犬が水を飲む

5）この偉大な作家

6）たくさんの面白い小説

2 作文しましょう。

1）数名の利口な子供たちは3個の赤いリンゴを持ち歩く。

2）あれらの7匹の大きな犬が冷たい水を飲む。

3）この偉大な作家はたくさんの面白い小説をのんびり書く。

4）私たちは今日はそのイタリア映画を観ない。

5）あなたは明日図書館でスペイン語を勉強しますか。

Vocabulario

niño, listo, manzana, rojo, perro, grande, beber, agua, escritor, novela, interesante, llevar, frío, escribir, tranquilamente, ver, película, italiano, estudiar, español, la biblioteca

6 | ser・estar・hay

本章では英語の *be* 動詞にあたる ser/estar ならびに、*there is/are* にあたる hay という動詞について学びます。英語ではこうした表現は全て *be* でカバーされますが、スペイン語では表現したい内容に応じて三種類の動詞を使い分ける必要があります。

6.1. ser/estar の活用

ser はスペイン語で最もよく使われる動詞で、estar は五番目です。このように、使用頻度の高い動詞は不規則活用をする傾向があります。

	ser	estar
yo	soy	estoy
tú	eres	estás
él/ella/usted	es	está
nosotros, -as	somos	estamos
vosotros, -as	sois	estáis
ellos/ellas/ustedes	son	están

6.2. ser/estar の使い分け

両者は *be* 動詞にあたる動詞ですから、その典型的な用例は SVC 構文です。つまり、両者は等号（＝）のような機能をはたし、**主語 (S) ser/estar 補語 (C):「S は C である」**という文型で用いられることが多いです。**形容詞、前置詞句、名詞、副詞、不定詞等が補語になりえます**。そして、ser/estar 間の差異は組み合わさる補語の品詞、意味タイプの違いと言えます。

まず、ser は永続性の高い、広い意味での性質を表す補語と用いられます。以下のようなものが典型例です。

Este chico es Juan Manuel/Arturo/Fernando.　　　　　　名前
Aquella chica es muy inteligente/simpática/responsable.　気質・能力・性格
La casa de Jorge es grande/negra/bonita.　　　　　　　　外見

María es estudiante/profesora. '*Mary is **a** student/teacher*.'   職業

Suárez es uruguayo/de Uruguay.   国籍・出身

El lenguaje es para los seres humanos.   用途

Esta bolsa es de Marta.   所有

Es buena idea comer antes de beber.   動詞の原形も補語になる

　一方 estar は**一時的な状態**を表す語句を補語とします。また、estar は名詞、不定詞を補語にすることはありません。

Aquella chica está cansada/triste/bien.

El bocadillo está muy bueno.

Ahora estamos con José.

Los políticos están de vacaciones.

6.3.　場所の表現と ser/estar/hay

27

　このように、ser/estar の違いは、変わりづらい性質を表すか、変わりやすい状態を表すかという点にあり、比較的明瞭です。間違いやすいのは、場所や所在を表す用法です。いずれの動詞にもこの用法があります。さらに、両動詞とは別に、hay という動詞も所在を表すことがあります。それぞれの違いは以下のようにまとめられます。

ser: 出来事の起きる場所、開催地

El partido de esta noche es en Cáceres.

estar: 特定の人・物の所在地

▶不定冠詞等のついた名詞句を主語にできない

Los profesores están en el aula. (×Unos profesores están en el aula.)

Estamos en Corea del Sur.

El Museo del Prado está (×es) en Madrid.

Este supermercado está cerca de la estación.

hay: 英語の *there is/are* に相当する表現　**不特定**の人や物の所在

▶定冠詞・指示詞等のついた名詞や固有名詞との併用不可

Hay un gato en el parque. (×Hay el gato en el parque.　× '*There is the cat in the park.*')

No hay duda.

Hay dos colegios entre Sol y Atocha.

Hay mucha gente en el Estadio Metropolitano.

hay については以下の点を確認しておいてください。

- hay は haber という動詞の三人称単数形である。
- hay を含む文は無主語文である。そのため、「いる・ある」ものが単数でも複数でも常に hay という三人称単数形で用いられる。また、そうした対象は主語ではないため、hay の後ろに置かれ、無冠詞の名詞で表され得る。

6.4. まとめ

	ser	estar	hay
特徴	変わりづらい性質を表す 出来事の起きる場所、開催地を表す	一時的な状態を表す 特定の人や物の所在地を表す	不特定の人や物の所在を表す

以下は ser/estar が補語にすることの多い形容詞(句)トップ 10 です。

ser	estar
necesario, posible, importante, capaz de, bueno, fácil, difícil, cierto, imposible, suficiente	presente, disponible, seguro, contento, lleno de, listo, atento, pendiente, solo, feliz

✓ Ejercicio

1 **ser** または **estar** の活用形を入れましょう。

1) Esta niña（　　　　　　　　　） Ana.

2) ¿Qué tal? – Yo（　　　　　　　　　） muy bien.

3) Aquella bicicleta（　　　　　　　　　） de Daniel.

4) Silvia y yo（　　　　　　　　　） profesoras de Matemáticas.

5) ¿Felipe y tú（　　　　　　　　　） contentos con el resultado?

6) Los niños（　　　　　　　　　） muy tranquilos hoy.

7) Esos estudiantes（　　　　　　　　　） mexicanos.

8) El examen no（　　　　　　　　　） difícil.

2 **ser, estar** の活用形または **hay** を入れましょう。

1) Carlos y Antonio（　　　　　　　　　） en Barcelona.

2) Aquellos jóvenes（　　　　　　　　　） de Madrid.

3) （　　　　　　　　　） muchos estudiantes en la biblioteca.

4) La festival（　　　　　　　　　） en la Plaza Mayor.

5) ¿（　　　　　　　　　） unos gatos en el jardín?

6) ¿（　　　　　　　　　） el perro en el jardín?

3 作文しましょう。

1) 私は学生です。スペイン出身で、今はフランスにいます。

2) カルメンと私は大学にいる。この教室には何人かの学生がいる。

3) 歩くことは健康のために重要だ。

4) 君たちは疲れていないの？大丈夫？

Vocabulario

Francia, la universidad, aula, andar/caminar, importante, la salud, cansado, bien

Capítulo 7 | 所有詞・疑問詞

7.1. 所有詞

所有詞は英語の *my, mine, your, yours, etc.* に相当する語です。スペイン語の所有詞には名詞の前に置くものと後ろに置くものの二系列が存在します。

前置形

まず前置形ですが、**名詞の前に置かれ特定性を付与する、名詞の性と数に一致する、強勢を持たない**という性質を持ちます。定冠詞の一種と考えていいでしょう。

	単数		複数	
一人称	**mi** libro	**mi** casa	**nuestro** libro	**nuestra** casa
	mis libros	**mis** casas	**nuestros** libros	**nuestras** casas
二人称	**tu** libro	**tu** casa	**vuestro** libro	**vuestra** casa
	tus libros	**tus** casas	**vuestros** libros	**vuestras** casas
三人称	**su** libro	**su** casa	**su** libro	**su** casa
	sus libros	**sus** casas	**sus** libros	**sus** casas

Nuestros estudiantes son muy buenos.

Tomamos unas cañas en su bar.

Necesitamos su ayuda.

定冠詞の一種ですから、定冠詞や指示詞、hay との併用はできません。

Mi ordenador está en la mesa.

(×El mi ordenador está en la mesa. ×Hay mi ordenador en la mesa.)

後置形

一方、所有詞の**後置形**は、**強勢がある、名詞の後ろに置かれる、定冠詞を伴うことで名詞化する等**、形容詞に似ています。

	単数		複数	
一人称	libro **mío**	casa **mía**	libro **nuestro**	casa **nuestra**
	libros **míos**	casas **mías**	libros **nuestros**	casas **nuestras**
二人称	libro **tuyo**	casa **tuya**	libro **vuestro**	casa **vuestra**
	libros **tuyos**	casas **tuyas**	libros **vuestros**	casas **vuestras**
三人称	libro **suyo**	casa **suya**	libro **suyo**	casa **suya**
	libros **suyos**	casas **suyas**	libros **suyos**	casas **suyas**

Mi hijo es muy alto y el tuyo es muy inteligente.
La situación es culpa suya.

◆なぜ二系列の所有詞があるのか考えてみましょう。

7.2. 疑問詞

what や *who, how* のような 5W1H と呼ばれる語を疑問詞といいます。疑問詞を伴う疑問
文は【疑問詞＋動詞＋名詞】という語順をとります。単純に意味を覚えるだけでなく、その品
詞性を考えることが重要です。

qué　　*what* に相当　　名詞・形容詞的

¿Qué es esto?
¿Qué hay en tu habitación?
¿Qué tipo de aplicación es WhatsApp?

cuál　　*which* に相当　　名詞的、複数形あり

¿Cuál es tu laptop?
¿Cuáles son tus favoritos?
¿Cuál es la capital de México?
¿Cuál de los libros es tu favorito? *'Which book is your favorite?'*
　　　▶形容詞としての機能がない（×¿Cuál libro es tu favorito?）

quién　　*who* に相当　　名詞的、複数形あり

¿Quién habla tailandés?
¿Quiénes son aquellas señoras?

dónde　　*where* に相当　　副詞的

¿Dónde estás?
¿Dónde compráis vuestra ropa?

cómo　　*how* に相当　　副詞的

¿Cómo baila ese actor? – ¡Estupendamente!
Hola, ¿cómo estás? – ¡Muy bien!

cuándo *when* に相当　<u>副詞的</u>

¿Cuándo es la fiesta?

¿Cuándo hablas con ellos?

cuánto *how much/many* に相当　<u>形容詞・副詞的、形容詞的用法では性数一致</u>

¿Cuántas películas veis por semana?　▶名詞を修飾しているので形容詞

¿Cuánto comen los luchadores de sumo?　▶動詞を修飾しているので副詞

¿Cuánto es? – Son 25 euros en total.

por qué – porque　*why – because* に相当　<u>副詞的</u>

¿Por qué estudiáis español? – Porque es muy divertido.

¿Por qué no abrimos la ventana? – Sí, claro.

　疑問詞が前置詞の目的語／補語になる場合があります。英語では *Where are you from?* のように、疑問詞＋動詞＋主語＋前置詞という語順になります。一方**スペイン語には、前置詞で文・句を終えることができない**というルールが存在します。そのため、同種の疑問文は【前置詞＋疑問詞＋動詞＋主語】という語順をとります。

¿De dónde eres? – Soy de Murcia.（×¿Dónde eres de?）

¿De qué es tu abrigo? – Es de poliéster.

¿Para qué practican penaltis?

¿De quién son estos cuadernos?　▶*whose* にあたる疑問詞がないため **de quién** が用いられる

¿A quién le prestas tu bicicleta?

¿Con quién bailas?

✔ Ejercicio

1 適切な所有詞を入れましょう。

1) （私の）madre

2) （私たちの）padre

3) （君の）padres

4) （君たちの）familia

5) un hermano（彼の）

6) unas novelas（あなたの）

7) este coche y el（私の）

8) nuestro equipo o el（彼女たちの）

2 適切な疑問詞を入れましょう。

1) ¿(   ) comes? – Como paella.

2) ¿(   ) vive tu hermana? – Vive en Valencia.

3) ¿(   ) coches hay? – Hay cinco.

4) ¿(   ) es? – Son siete euros.

3 下線部が答えとなるような疑問文を作りましょう。

1) Esperamos a Carlos en el bar.

2) Esperamos a Carlos en el bar.

3) Estudio con mis amigos.

4) Mis abuelos están bien.

4 作文しましょう。

1) 君たちの試合はいつ？－明日。

2) その携帯は誰の？－私の。

3) なぜ君たちはここにいるの？－この大学の学生だから。

Vocabulario

partido, móvil, aquí, estudiante, universidad

29

直説法現在形不規則活用 1

ser/estar がそうであったように、動詞の中には不規則な活用をするものが多々あ
ります。そして、不規則活用をする動詞は得てして使用頻度の高い動詞であるため、
こうした活用を覚えることは避けて通れません。本章では、強勢のある語幹母音が不
規則活用をするタイプの動詞について学びます。

8.1. 語幹母音変化動詞

pensar '*think*' という動詞を直説法現在形で活用させるとどうなるでしょうか。
yo penso, tú pensas, él pensa... となるはずです。しかし実際には以下のように活用します:
yo pienso, tú piensas, él piensa, nosotros pensamos, vosotros pensáis, ellos piensan

語幹 pens- の母音 e が ie という不規則な形になることから、こうしたタイプの動詞は語
幹母音変化動詞と呼ばれます。このタイプの動詞は数が膨大で、全てを別個に丸暗記しようと
すると多大な労力がかかります。しかし幸いにも、語幹母音変化は四つのパターンに分類でき
ます。

o > ue: poder, encontrar, contar, volver, dormir, morir, soler
e > ie : querer, pensar, empezar, comenzar, cerrar, preferir, sentir, entender
e > i : seguir, conseguir, pedir, repetir
u > ue: jugar のみ

以下の点を押さえることで、暗記の負担を大きく軽減することが可能です。
1. **活用語尾は規則動詞と全く変わらない**
2. **nosotros と vosotros の活用は規則通り**
3. **以上の点から、yo の活用形だけ覚えておけば全ての人称の活用形が導き出せる**

とにかく、むやみに暗記をするのではなく、yo の時の不規則活用形だけを覚え、必要に応
じて活用語尾をより素早く、より正確につけかえる。そういうイメージで練習をするとよいで
しょう。

poder	querer	seguir	jugar
puedo	**quiero**	**sigo**	**juego**
puedes	quieres	sigues	juegas
puede	quiere	sigue	juega
podemos	queremos	seguimos	jugamos
podéis	queréis	seguís	jugáis
pueden	quieren	siguen	juegan

◆nosotros, vosotros の活用形はなぜ規則的なのか考えてみましょう。

Quiero un móvil nuevo.

Lo siento.

Seguimos estas noticias en Internet.

La clase empieza a las nueve.

¿En qué piensas? – Pienso en las vacaciones.

8.2. 語幹母音変化動詞の用法

31

　本章で紹介した動詞はいずれも極めて使用頻度の高い動詞です。そして、そうした動詞は往々にして高度に多義・多機能的です。こうした動詞を様々な形で使いこなすことで自ずと表現力が高まります。以下では使用に注意が必要なものを解説します。

　助動詞として機能する動詞
　poder ‘*can*’ や **querer** ‘*want to*’ は助動詞として機能し、不定詞を目的語とします。
Puedes encontrar más información en nuestra página web.
¿Quieres dormir ahora?

　soler は英語には存在しないタイプの助動詞で、**習慣**を表します。
Los guitarristas suelen gastar mucho dinero.

　volver ‘*return*’ は移動を表す動詞で、【a＋場所を表す名詞】という句と併用します。
Vuelvo a casa con mis hermanos a las ocho de la tarde.

　この用法に加え、**volver a** は助動詞としても用いられます。不定詞を伴い、「再び～する」という意味になります。
Ellos vuelven a cometer ese error.

empezar/comenzar a も同様に、助動詞として用いられます。スペイン語にはこのように、【動詞＋a＋不定詞】という助動詞相当の表現が多数存在します。

Empezamos a comer a las dos, ¿vale?

意味に注意が必要な動詞

　　seguir は本来、「追いかける」という意味の動詞で、辞書等で第一義とされます。しかし、現代スペイン語において圧倒的に多いのは、「(ルールなどを) 守る」という意味です。

Debemos seguir la instrucción del profesor.

Seguimos los consejos del entrenador para jugar mejor.

　　encontrar は英語の *encounter* と語源が同じです。「出くわす」という意味で用いられることが予想されますし、実際、そうした意味もありますが、この動詞の第一義は「見つける」です。つまり、*find* に相当する動詞といえます。

Queremos encontrar una solución para este problema.

　　jugar も注意すべきことが多い動詞です。「スポーツをする」という意味で使う時は必ず前置詞 a と定冠詞を伴うこと、英語の *play* とは異なり楽器を目的語としないこと、「遊ぶ」と言っても「ゲームや遊具、スポーツで楽しむ」という意味合いであることを意識してください。

¿Juegas al béisbol? (×¿Juegas béisbol?)

Sofía toca el violín muy bien. (×Sofía juega el violín muy bien.)

¿Quieres salir esta noche? (△¿Quieres jugar esta noche?)

✔ Ejercicio

1 次の語幹母音変化動詞について、不定詞と他５つの活用形を答えましょう。

1) puedo

2) quieres

3) empezamos

4) encuentran

5) consigo

6) cierra

7) contáis

8) pides

2 指定の主語で２〜３単語のスペイン語にしましょう。

1) 入っていい？ （yo）

2) 入っていいよ。（tú）

3) 食べたくない。（él）

4) 勉強し始める。（yo）

5) 再び学ぶ。（ellos）

3 作文しましょう。

1) あの窓を開けてくれる？ （tú）

2) 私は早く家に帰りたい。

3) 私の兄弟たちは広場でサッカーをする。

4) パーティーはもう始まるけど、ホセは遅れるのが常だ。

5) 走りたくないの？ （vosotros）－走れないんだ。

6) 何を注文する？ （tú）－コーヒーが欲しい。

Vocabulario

entrar, comer, estudiar, aprender, abrir, ventana, casa, temprano, hermano, fútbol, la plaza, la fiesta, ya, pero, llegar tarde, correr, un café

直説法現在形不規則活用 2

9.1. 一人称単数で不規則活用をする動詞

動詞の中には主語が yo の時のみ不規則活用となるものがあります。以下の動詞は特に高頻度で用いられますので覚えておきましょう。tú 以降は規則活用をしますので、yo の時の形だけ覚えておけば使用可能です。

hacer	saber	dar	ver	conocer
hago	**sé**	**doy**	**veo**	**conozco**
haces	sabes	das	ves	conoces
hace	sabe	da	ve	conoce
hacemos	sabemos	damos	vemos	conocemos
hacéis	sabéis	dais	veis	conocéis
hacen	saben	dan	ven	conocen

cf. poner-pongo, salir-salgo, traer-traigo, caer-caigo

また、hacer, decir 以外の -cer/-cir で終わる動詞は -zco という語尾になるという規則があります:

conocer - conozco   parecer - parezco   ofrecer - ofrezco   conducir - conduzco

Juan Carlos puede hacer muchas cosas al mismo tiempo.

Es muy importante ser libre cuando hago una película.

Salgo de casa a las ocho de la mañana.

Esta noche vemos a Mario para ver la película juntos.

saber/conocer は共に *know* ですが、以下の点で異なります。

人・場所を目的語にするのは **conocer**　: Conozco al señor Álvarez. / Conozco la ciudad.

情報・技能を目的語にするのは **saber**　: ¿Sabes la noticia? / Lucas sabe francés.

従属節をとるのは **saber**　　　　　　: Sé que no vuelves.　▶10章

助動詞機能を持つのは **saber**「〜できる」: Sé conducir.（cf. No puedo conducir hoy.）

hacer は *do/make* を兼ねる動詞ですが、さらに、天候を表すのにも用いられます。

¿Qué tiempo hace hoy? – Hoy hace buen tiempo/mal tiempo/calor/frío.

▶巻末資料　天候表現

以下のタイプの動詞は yo, tú の時の活用形のみを暗記し、それ以外は活用語尾の交換で対処します。

tener	venir	decir	oír	ir
tengo	**vengo**	**digo**	**oigo**	**voy**
tienes	**vienes**	**dices**	**oyes**	**vas**
tiene	viene	dice	oye	va
tenemos	venimos	decimos	oímos	vamos
tenéis	venís	decís	oís	vais
tienen	vienen	dicen	oyen	van

tener は日本語の「持っている」という意味に加えて、**状態や年齢を表す名詞 (句)** も目的語とします。英語の *be* 動詞の機能を一部カバーする極めて多機能的な動詞です。

Tengo una casa muy grande en el centro de la ciudad.
Tengo frío/mucho calor/mucha hambre/37 años.

また【**tener que＋不定詞**】という句は英語の *have to* V に相当します。
Tenéis que estudiar mucho para aprobar el examen.
　　＊hay que＋不定詞　Hay que estudiar mucho.
　　＊deber＋不定詞　Debes estudiar mucho.

ir/venir は移動を表す動詞で、**英語の *go/come* 同様、前置詞 a を基本的に伴います。**
Vamos/Venimos a la universidad todos los días.

【**ir a＋不定詞**】は英語の *be going to* V に相当し、未来の予定を表します。
Mañana mis padres van a venir a nuestra casa.

さらに【**vamos a＋不定詞**】は英語の *let's* V の意味で用いられることがあります。
¡Vamos a comer juntos!

9.3. 前置詞 ②

3 章では名詞につくことの多い前置詞を見ましたが、本章では動詞、述語につくことの多い前置詞について学びます。

por : 場所・時を表す名詞を補語とする場合、「〜の辺りで」、「〜を経由して、〜を通って」、「〜の頃に」

Este verano viajamos por Europa central.
Podéis entrar por aquella puerta.
Estudiamos por la mañana y jugamos al baloncesto por la tarde.

出来事等を表す名詞を補語とする場合、原因・動機を表す「〜によって」、「〜が原因で」
Dejamos de trabajar por la lluvia.

según : *according to* に相当 「〜によると」
Según ellos, el Banco de España está en Madrid.

desde/hasta : それぞれ *from/until, to* に相当
Viajé en tren desde Madrid hasta Barcelona.
Mi clase de español es desde las ocho de la mañana hasta las diez de la mañana.

9.4. 複合前置詞

現代スペイン語で用いられる前置詞の数は 23 種、対して英語では約 94 種と四倍以上の差があります。この表現上の不足を埋めるため、スペイン語では複合前置詞、つまり、一つの前置詞として機能する熟語が極めて高い頻度で用いられます。以下の最頻の複合前置詞は初級レベルであっても必須です。

a través de : *through* に相当　Es genial recordar la niñez a través de un sabor.
antes de　　: *before* に相当　Queremos limpiar la cocina antes de cocinar.
después de : *after* に相当　Tocamos la guitarra después de terminar la tarea.
dentro de　: *within* に相当　¿Puede volver a llamar dentro de media hora?
a partir de : *from* に相当　A partir de ahora, somos libres.

Nuevo Estilo

新スペイン語文法

—詳解と実践—

別冊見開き問題集

蔦原　亮

辻　博子

宮城　志帆

朝日出版社

Capítulo 1

A. 二重母音および三重母音に二重線を引きましょう。

1. familia
2. luego
3. opinión
4. tiempo
5. incluir
6. rey
7. siete
8. acuerdo
9. historia
10. igualmente
11. nuevo
12. bailar
13. nacional
14. después
15. estoy
16. gracias
17. realización
18. audiovisual
19. reunir
20. cuándo
21. biología
22. Paraguay
23. Italia
24. Guatemala

B. 一つの子音として発音される二重子音等に波線を引きましょう。

1. posible
2. grande
3. tres
4. paella
5. construcción
6. madre
7. agricultura
8. clima
9. chorizo
10. crisis
11. flores
12. público
13. secreto
14. vosotros
15. triángulo
16. Brasil
17. Inglaterra
18. Francia

C. アクセントのある音節に<u>下線</u>を引きましょう。

1. pro-yec-to	9. le-ón
2. nú-me-ro	10. ge-ne-ral
3. lle-gar	11. co-rre-o
4. e-co-no-mí-a	12. de-re-cho
5. si-guien-te	13. Es-pa-ña
6. pre-sen-ta-ción	14. Ar-gen-ti-na
7. ca-len-ta-mien-to	15. Por-tu-gal
8. glo-bal	16. Ma-rrue-cos

D. アクセントのある音節に<u>下線</u>を引きましょう。

1. momento	14. importante
2. programa	15. información
3. adiós	16. objetivo
4. comunidad	17. trabajar
5. guerra	18. universidad
6. gobierno	19. oasis
7. siempre	20. estados
8. producto	21. español
9. alguien	22. alemán
10. profesional	23. México
11. días	24. Andorra
12. estudio	25. Ecuador
13. estudiante	26. Bolivia

A. 男性名詞・女性名詞・男女同形の名詞に分類し、(m.) (f.) (m./f.) のいずれかを
記入して文法上の性を示しましょう。m. と f. はそれぞれ「男性名詞」masculino
「女性名詞」femenino の頭文字です。

※以下の名詞の性は2章 [2.1.2.] で学習した方法で判断できます。語尾でわかる名詞、その例外、およ
び実際に性別をもつ名詞があります。

música (　　　)　　trabajo (　　　)　　estación (　　　)　　puerta (　　　)

niño (　　　)　　mujer (　　　)　　vida (　　　)　　problema (　　　)

día (　　　)　　ventana (　　　)　　pianista (　　　)　　acción (　　　)

radio (　　　)　　actividad (　　　)　　cliente (　　　)　　diccionario (　　　)

idioma (　　　)　　centro (　　　)　　moto (　　　)　　chica (　　　)

animación (　　　)　　silla (　　　)　　hombre (　　　)　　banco (　　　)

turista (　　　)　　libertad (　　　)　　foto (　　　)　　estudiante (　　　)

servicio (　　　)　　deportista (　　　)　　mapa (　　　)　　mundo (　　　)

pasión (　　　)　　mano (　　　)　　programa (　　　)　　universidad (　　　)

español (　　　)　　japonesa (　　　)　　inglés (　　　)　　italiano (　　　)

B. 不定冠詞を入れ、語句全体を複数形にしましょう。

1. (　　　　　　) semana　　⇒

2. (　　　　　　) ciudad　　⇒

3. (　　　　　　) grupo　　⇒

4. (　　　　　　) niño　　⇒

5. (　　　　　　) actriz　　⇒

6. (　　　　　　) japonés　　⇒

7. (　　　　　　) canción　　⇒

C. 定冠詞を入れ、語句全体を複数形にしましょう。文法上の性が語尾で判断できない名詞については、辞書を引いて調べましょう。

1. (　　　　　　　) profesor　　⇒

2. (　　　　　　　) vez　　⇒

3. (　　　　　　　) flor　　⇒

4. (　　　　　　　) coche　　⇒

5. (　　　　　　　) noche　　⇒

6. (　　　　　　　) rey　　⇒

D. 適切な接続詞一字を入れましょう。

1. スペインとポルトガル　　España (　　) Portugal

2. フランスとイギリス　　Francia (　　) Inglaterra

3. メキシコかエルサルバドル　México (　　) El Salvador

4. グアテマラかホンジュラス　Guatemala (　　) Honduras

5. 背が高くて聡明な　　alto (　　) inteligente

6. 良いか悪いか　　bueno (　　) malo

7. 今日と明日　　hoy (　　) mañana

8. ここかそこで　　aquí (　　) ahí

9. ７、８０年　　setenta (　　) ochenta años

10. 神話と歴史　　mitología (　　) historia

11. 君たちと私たち　　vosotros (　　) nosotros

Capítulo 3

A. 語句全体を複数形に変えましょう。

1. un amigo interesante

2. la mujer alta

3. una joven alegre

4. este proyecto internacional

5. aquella estación vieja

6. ese lugar importante

7. el mal hombre

B. 次の語を組み合わせて３単語のスペイン語にしましょう。
   - 指示形容詞：este, ese, aquel
   - 名詞：canción, casa, coche, escuela, examen, obra, pregunta, resultado, rey
   - 形容詞：bueno, difícil, blanco, fácil, famoso, grande, mucho, nuevo

1. これらの難しい試験

2. その簡単な質問

3. たくさんの白い車

4. それらの有名な学校

5. あの良い結果

6. あれらの大きな作品

7. その偉大な王

8. たくさんの新しい曲

9. この新たに住む家

C. 適切な前置詞または数字を入れましょう。

1. un hotel (　　　　　　) Valencia　　　　　　　バレンシアにあるホテル

2. los (　　　　　) móviles (　　　　　) Juan　　フアンの２つの携帯

3. el tren (　　　　　　) París　　　　　　　　　パリ方面の電車

4. una lesión (　　　　　　) el partido　　　　　試合中の怪我

5. la lección (　　　　) las (　　　　　　)　　　５時に行われるレッスン

6. las (　　　　　) costumbres (　　　　) la salud　健康のための１０の習慣

7. la comida (　　　　　　) ustedes　　　　　　　あなたがたとの食事

D. 次の語を組み合わせて名詞句を完成させましょう。
   - 前置詞：a, con, de, entre, sin, sobre
   - (定冠詞＋) 名詞：el aeropuerto, azúcar, el día, gas
   - 前置詞格人称代名詞：mí, ti, ella, ellos

1. la llegada (　　　　　) (　　　　　　　)　　空港への到着

2. la receta (　　　　　) (　　　　　　　)　　　砂糖不使用のレシピ

3. el menú (　　　　　) (　　　　　　　)　　　　日替わりの定食

4. las bebidas (　　　　　) (　　　　　　　)　　炭酸入りの飲み物

5. el trabajo (　　　　　　　)　　　　　　　　　私と一緒の仕事

6. la distancia (　　　　　) (　　　　　　　)　　彼らの間の距離

7. una reunión (　　　　　) (　　　　　　)　　　私のいない会議

8. unas noticias (　　　　　) (　　　　　　)　　彼女に関するニュース

9. un acuerdo (　　　　　　　)　　　　　　　　　君との合意

7

Capítulo 4

A. 4章で学習した規則動詞を指定の主語で現在形に活用させ、和訳しましょう。

ej: hablar (yo) – hablo「私は話す」/ comer (tú) – comes「君が食べる」

1. esperar (tú)   –   「   」

2. llamar (yo)   –   「   」

3. comprar (ella)   –   「   」

4. tratar (yo)   –   「   」

5. leer (nosotros)   –   「   」

6. vender (tú)   –   「   」

7. escribir (usted)   –   「   」

8. vivir (vosotras)   –   「   」

9. dejar (él)   –   「   」

10. llevar (nosotros)   –   「   」

11. aprender (yo)   –   「   」

12. trabajar (tú)   –   「   」

13. abrir (tú y yo)   –   「   」

14. buscar (tú)   –   「   」

15. beber (José y tú)   –   「   」

16. recibir (ellas)   –   「   」

17. llegar (él y ella)   –   「   」

18. andar (yo)   –   「   」

19. utilizar (vosotros)   –   「   」

20. necesitar (María)   –   「   」

21. tomar (nosotras)   –   「   」

22. presentar (ustedes)   –   「   」

23. quedar (el tiempo)   –   「   」

B. 動詞の現在形と副詞または前置詞を入れましょう。かっこ内の主格人称代名詞
は省略し、文頭は大文字で記入すること。

- 動詞：amar, buscar, comer, esperar, estudiar, vivir

1. （私は）たくさん食べる。 （　　　　　　　）（　　　　　　　）.

2. （君は）今パエリアを食べる。 （　　　　　　　）paella（　　　　　　　）.

3. カルロスはもう食べる。 Carlos（　　　　　　　）（　　　　　　　）.

4. （私たちは）ここで勉強する。 （　　　　　　　）（　　　　　）.

5. （君たちは）今日勉強する。 （　　　　　　　）（　　　　　）.

6. （彼らは）明日勉強する。 （　　　　　　　）（　　　　　）.

7. （私は）スペインに住んでいる。 （　　　　　　　）（　　　　）España.

8. あなたは中心部に住んでいる。 Usted（　　　　　　）（　　　　）el centro.

9. （私たちは）彼女と住んでいる。 （　　　　　　　）（　　　　）ella.

10. （君たちは）ディエゴを探す。 （　　　　　　　）（　　　　）Diego.

11. （君は）ラケルを愛している。 （　　　　　　　）（　　　　）Raquel.

12. （私は）家でアナを待つ。 （　　　　　　　）（　　　　）Ana en casa.

C. 文全体を指定の主語で書き換え、新しい文を和訳しましょう。

1. Hoy llego muy tarde a la oficina. (⇒Manuel)

2. María lee muchos libros, especialmente durante las vacaciones. (⇒yo)

3. Viajamos a México con ellas en verano. (⇒tú)

4. Subimos al autobús de las nueve y media. (⇒vosotros)

Capítulo 5

A. それぞれの文を主語と述語に分けましょう。

1. 私は歌う。

2. その背の高い少年はたくさん勉強をする。

3. 君と僕は学校でご飯を食べる。

4. 馬は広大な草原を自由に走り回る。

5. Ella toma agua fresca.

6. La niña pequeña come una manzana pequeña.

7. El hombre viejo lee un periódico.

8. La maestra amable enseña matemáticas.

9. El coche nuevo de Toyota brilla bajo el sol.

B. 次の名詞句をスペイン語にしましょう。
   - joven, producto, alemán, la historia de Japón

1. とある賢い少年

2. 数名の若い学生たち

3. あの背の高い女子学生たち

4. それらの素晴らしい製品

5. それらのドイツ製の車

6. これら3冊の日本の歴史に関する本

C.　次の述語をスペイン語にしましょう。動詞は不定詞のままとします。

- bocadillo, jamón y queso, el parque

1.　一つの大きなサンドイッチを食べる

2.　ハムとチーズのサンドイッチを２つ食べる

3.　ゆっくり歩く

4.　公園で速く走る

5.　大学であの良い女子学生たちとたくさん勉強する

D.　５章で学習した手順に沿って作文しましょう。

- abogado, estadounidense, Almería, viaje, peruano, catalanes

1.　この小さな猫はゆっくり歩く。

2.　そのアメリカ出身の弁護士は私とアルメリアで働いている。

3.　彼らは旅に関するとても面白いその小説をここで読む。

4.　今日、君たちはそのペルー人の先生抜きでスペイン語を勉強する。

5.　多くのカタルーニャ人たちはたくさん働く。

Capítulo 6

A. ser の活用形を入れましょう。さらに＜ser の用法＞を右に記入しましょう。

    – ser の用法：名前・性質・職業・国籍・出身・所有 etc.

1. Nosotros (   ) españoles.   <   >

2. Yo (   ) profesor.   <   >

3. María y Teresa (   ) de Colombia.   <   >

4. Hanako (   ) japonesa.   <   >

5. Aquella jugadora no (   ) alta.   <   >

6. ¿Tú (   ) María?   <   >

7. Este ordenador (   ) de Alejandro.   <   >

8. Miguel y tú (   ) muy amables.   <   >

B. estar の活用形を入れましょう。さらに「一時的な状態」を表す補語を用いて文を完成させましょう。形容詞は必要に応じて性数一致させること。

    – 補語：bien, cansado, conmigo, contento, de viaje, libre, ocupado, sin dinero

1. Yo (   ) muy _____.   とても忙しい

2. Carmen (   ) _____.   満足している

3. ¿Vosotros (   ) _____?   大丈夫・元気

4. Luis y yo (   ) _____ hoy.   今日は時間がある

5. ¿Usted (   ) _____?   旅行中である

6. Ahora yo (   ) _____.   今、無一文である

7. Lola no (   ) _____.   私と一緒ではない

8. Las niñas no (   ) _____.   疲れていない

C. ser, estar の活用形または hay を入れましょう。

1. Yo (   ) en Salamanca.

2. Yo (   ) de Salamanca.

3. (   ) muchos estudiantes en Salamanca.

4. El concierto de hoy (   ) en el estadio.

5. ¿(   ) mucha gente en el estadio?

6. Los jugadores ya (   ) en el estadio.

7. ¿(   ) vosotros en la estación?

8. ¿(   ) alguien en la estación?

9. (   ) una librería cerca de mi casa.

10. La biblioteca no (   ) cerca de mi casa.

11. No (   ) supermercados cerca de mi casa.

D. ser, estar, hay を用いて会話文を完成させましょう。

1. Perdón, ¿(   ) un hospital por aquí?

2. Sí, (   ) uno. (   ) allí. (   ) un hospital muy conocido.

3. Muchas gracias. No (   ) de aquí, sino de Sevilla. Hoy (   ) mal.

4. ¿(   ) bien? ¿Le acompaño?

-   すみません、この辺りに病院はありますか？
-   はい、一つありますよ。そこにあります。よく知られた病院です。
-   ありがとうございます。私はここではなくセビージャの出身で、今日は体調が悪いのです。
-   大丈夫ですか？付き添いましょうか？

Capítulo 7

A. 所有形容詞前置形を用いて２単語のスペイン語にしましょう。

    - 家族関係を表す名詞：abuelo, familia, hermano, hijo, padre

1. 私たちの家族

2. 私の父

3. 彼女のご両親

4. 君の兄弟たち

5. あなたの姉 (妹)

6. 私の息子たち

7. 彼の娘

8. 君たちの祖父母

B. 適切な所有形容詞を入れましょう。

1. 君の考えは新しい。私のとは違う。

    (   ) idea es nueva. Es diferente de la (   ).

2. 私のスペイン人の友人たちは英語が話せて日本語を学んでいる。

    (   ) amigos españoles hablan inglés y aprenden japonés.

3. 私の友人の一人はメキシコ人だ。   Un amigo (   ) es mexicano.

4. これらのノートは君の？   ¿Son (   ) estos cuadernos?

5. 私たちの車はここにはない。   (   ) coche no está aquí.

6. あれらのバイクは私たちのではない。Aquellas motos no son (   ).

7. 彼の姉妹の一人はここで働いている。Una hermana (   ) trabaja aquí.

C. 疑問詞と動詞の現在形を入れましょう。

- 動詞：abrir, comer, comprar, escuchar, estudiar, hablar, hay, leer, ser

1. 何を勉強する？　　　¿(　　　　　　　) (　　　　　　　　　　) tú?

2. どんな音楽を聴く？　¿(　　　　　　　) música (　　　　　　　) usted?

3. なぜ話さないの？　　¿(　　　　　) (　　　　　　) no (　　　　　　　) tú?

4. どこで食べる？　　　¿(　　　　　) (　　　　　　　　　) nosotros?

5. 誰が窓を開ける？　　¿(　　　　　) (　　　　　　　　) las ventanas?

6. 箱には何があるの？　¿(　　　　　) (　　　　　　　　) en la caja?

7. いつ本を読む？　　　¿(　　　　　) (　　　　　　) libros vosotros?

8. 彼らは誰？　　　　　¿(　　　　　) (　　　　　) ellos?

9. 君の自転車はどれ？　¿(　　　　　) (　　　　　) tu bicicleta?

10. 何冊の雑誌を買う？　¿(　　　　　　) revistas (　　　　　　) él?

D. 質問文に【前置詞＋疑問詞】、答えに動詞の現在形を入れましょう。

1. ¿_____ es el ordenador? – (　　　　　　) de Carlos.

2. ¿_____ son las casas? – (　　　　　　) de madera.　※木造

3. ¿_____ vives? – (　　　　　　) con mi hermano.

4. ¿_____ eres? – (　　　　　　) de Ecuador.

5. ¿_____ espera usted? – (　　　　　　) al profesor.

6. ¿_____ aprendéis idiomas extranjeros?　※外国語

   – Los (　　　　　　) para el futuro.　※それらを

15

Capítulo 8

A. 8章で学習した語幹母音変化動詞を現在形に活用させ、意味を記入しましょう。

ej: poder llegar a tiempo (yo) – puedo llegar a tiempo （時間通りに着ける、間に合う）

1. poder venir mañana (tú) –   (   )

2. poder entrar (vosotros) –   (   )

3. encontrar la llave (yo) –   (   )

4. contar el número (ella) –   (   )

5. volver a España (yo) –   (   )

6. dormir ocho horas (tú) –   (   )

7. morir (el escritor) –   (   )

8. soler decir la verdad (él) –   (   )

9. querer una moto (yo) –   (   )

10. querer comer (tú) –   (   )

11. pensar bien (ellos) –   (   )

12. empezar ya (el partido) –   (   )

13. comenzar a hablar (él) –   (   )

14. cerrar la puerta (tú) –   (   )

15. preferir el otro (yo) –   (   )

16. sentir dolor (usted) –   (   )

17. no entender nada (yo) –   (   )

18. seguir las reglas (ellas) –   (   )

19. conseguir una beca (yo) –   (   )

20. pedir ayuda (nosotros) –   (   )

21. repetir la frase (ellos) –   (   )

22. jugar con Tomás (Pepe) –   (   )

23. jugar al fútbol (vosotros) –   (   )

B. 母音変化動詞を用いて述語を作りましょう。動詞は不定詞のままとします。
- 動詞：dormir, empezar [comenzar], jugar, querer, soler, trabajar, volver
- 名詞 (句)： Barcelona, el béisbol, casa, lugar, el parque, tiempo libre

1. バルセロナで働き始める

2. 帰宅する

3. この場所に戻る

4. もう一度寝る（＝再び眠る）

5. 公園で遊ぶのが常である

6. 野球をする

7. 自由な時間が欲しい

C. 指定の主語で作文しましょう。

1. いつバルセロナで働き始めるの？(tú)

2. 今日は早く帰宅する。(yo)

3. 彼女はこの場所に戻りたくない。

4. カルメンはもう一度寝るけど、マリアは今は眠らない。

5. あの子供たちはいつも公園で野球をする。

6. たくさんの自由な時間が欲しい。(nosotros)

17

Capítulo 9

A.　9章で学習した不規則動詞を現在形に活用させ、意味を記入しましょう。

　　ej: hacer los deberes (nosotros) – hacemos los deberes（宿題をする）

1.　hacer algo (yo)　　　　　　–　　　　　　　　　　　(　　　　　　　　　)

2.　saber español (yo)　　　　　–　　　　　　　　　　　(　　　　　　　　　)

3.　dar un regalo (tú)　　　　　–　　　　　　　　　　　(　　　　　　　　　)

4.　ver el partido (ellos)　　　　–　　　　　　　　　　　(　　　　　　　　　)

5.　conocer a Lucas (yo)　　　　–　　　　　　　　　　　(　　　　　　　　　)

6.　poner la televisión (él)　　　–　　　　　　　　　　　(　　　　　　　　　)

7.　salir a las ocho (tú y yo)　　–　　　　　　　　　　　(　　　　　　　　　)

8.　traer agua (yo)　　　　　　–　　　　　　　　　　　(　　　　　　　　　)

9.　caer (la nieve)　　　　　　–　　　　　　　　　　　(　　　　　　　　　)

10.　parecer bien (la idea)　　　–　　　　　　　　　　　(　　　　　　　　　)

11.　ofrecer ayuda (ella)　　　　–　　　　　　　　　　　(　　　　　　　　　)

12.　conducir (yo)　　　　　　–　　　　　　　　　　　(　　　　　　　　　)

13.　tener hambre (tú)　　　　　–　　　　　　　　　　　(　　　　　　　　　)

14.　tener veinte años (Luis)　　–　　　　　　　　　　　(　　　　　　　　　)

15.　tener que preparar (yo)　　–　　　　　　　　　　　(　　　　　　　　　)

16.　venir al campus (yo)　　　　–　　　　　　　　　　　(　　　　　　　　　)

17.　venir a la oficina (usted)　　–　　　　　　　　　　　(　　　　　　　　　)

18.　decir la verdad (yo)　　　　–　　　　　　　　　　　(　　　　　　　　　)

19.　no oír nada (yo)　　　　　　–　　　　　　　　　　　(　　　　　　　　　)

20.　oír su voz (nosotros)　　　　–　　　　　　　　　　　(　　　　　　　　　)

21.　ir a Tokio (yo)　　　　　　–　　　　　　　　　　　(　　　　　　　　　)

22.　ir al parque (vosotros)　　　–　　　　　　　　　　　(　　　　　　　　　)

23.　ir a comer (ustedes)　　　　–　　　　　　　　　　　(　　　　　　　　　)

B. 動詞の現在形を入れましょう。1~6の主語はyoとして活用させること。

- 動詞：conocer, hacer, poder, saber, tener

1. 彼のご両親と知り合いである。 ( ) a sus padres.

2. それは簡単だと知っている。 ( ) que eso es fácil.

3. スペインに行ったことがある。 ( ) España.

4. 今日は料理ができない。＜実行不可＞ No ( ) cocinar hoy.

5. 料理ができない。＜未習得＞ No ( ) cocinar.

6. とても暑い。＜主語の状態＞ ( ) mucho calor.

7. とても暑い。＜天候＞ ( ) mucho calor.

C. 文を完成させましょう。下線部には前置詞または複合前置詞を入れること。

- 動詞：correr, decir, entender, estar, hacer, ir, tener, venir

1. Hugo ( ) _____ aquella calle. あの道を通って来る

2. Yo ( ) la tarea _____ salir. 出掛ける前に課題をする

3. Yo ( ) _____ ( ) en metro. 地下鉄で行くつもり

4. Tú ( ) que dormir _____ la noche. 夜は寝なければならない

5. ( ) frío _____ el pronóstico. 予報によると寒い

6. Ellos ( ) lo mismo _____ ayer. 昨日から同じことを言う

7. ¡( ) _____ ( ) mucho! たくさん走ろう

8. Yo ( ) _____ las fotos. 写真を通して理解する

9. Yo ( ) aquí _____ las siete. 7時までここにいる

19

A. 接続詞 que を用いて文を完成させましょう。下線部には2〜4単語が入ります。

- 動詞：creer, decir, parecer, pensar, saber, ser, ver

1. 君は時間がなさそうだね。(yo) _____ no tienes tiempo.

2. 電気料金が上がるそうだ。 _____ el precio de la luz sube.

3. いくつか問題があると思われる。 _____ hay unos problemas.

4. だって少し疲れているから。 _____ estoy un poco cansado.

5. 忙しいと言っている。(nosotras) _____ estamos ocupadas.

6. そこには誰もいないと思う。(yo) _____ no hay nadie allí.

7. 実を言うと兄(弟)が一人いる。 _____ tengo un hermano.

8. 彼女は明日来ると思う？(tú) ¿_____ ella viene mañana?

9. 家にいると分かっている。(yo) _____ estáis en casa.

B. 接続詞を用いて天候表現を含む文を完成させましょう。

- 接続詞：aunque, cuando, porque
- 天候を表す動詞：hacer, llover (o>ue), nevar (e>ie) ※三人称単数形を用いること

1. 雪が降ったら何をする？ ¿Qué haces ( ) ( )?

2. 雨が少し降っているけどジョギングするつもりだ。

   Voy a hacer jogging ( ) ( ) un poco.

3. 天気が悪い時は出掛けたくない。

   No quiero salir ( ) ( ) ( ) ( ).

4. とても寒いから、みんな家にいる。

   Todos están en casa ( ) ( ) mucho ( ).

C. 接続詞 que を用いて関係詞節を含む文を完成させましょう。

   - 動詞：buscar, comprar, estudiar, tener, trabajar

1. ヨーロッパで勉強している日本人がたくさんいる。

   Hay muchos japoneses _____ .

2. メキシコで働いている友人はここの出身だ。

   Mi amigo _____ es de aquí.

3. 私が月曜日から探しているイヤリングはとても小さい。

   Los pendientes _____ son muy pequeños.

4. 君たちがブエノスアイレスで所有している車は何色？

   ¿De qué color es el coche _____ ?

5. 両親が買うつもりのマンションは駅からとても近い。

   El piso _____ mis padres está muy cerca de la estación.

D. 疑問詞または接続詞 si を用いて文を完成させましょう。

1. 明日天気が良いか確認しなければいけない。

   Tengo que comprobar (   ) (   ) (   ) tiempo mañana.

2. 私がどこ出身か知ってる？   ¿Sabéis (   ) (   ) soy?

3. そこに何があるか知りたい。   Quiero saber (   ) (   ) allí.

4. 私たちが勝つか分からない。   Yo no (   ) (   ) ganamos.

5. 私がどこに住んでいるか知らない。 Ellos no saben (   ) (   ) yo.

6. 誰を探しているか言わない。   No decís (   ) (   ) buscáis.

21

Capítulo 11

A. 目的格代名詞を用いて２～３単語のスペイン語にしましょう。

- 動詞：ayudar, buscar, conocer, dar, encontrar, enseñar, leer, necesitar, querer, saber

1. 君を探す。(nosotros)

2. 彼を知らない。(yo)

3. そのことを知らない。(yo)

4. 彼女たちを見つける。(ellos)

5. 私を助けない。(él)

6. あなたがたを必要としている。(nosotros)

7. 君たちを愛している。(yo)

8. それらを読まない。(vosotros)

9. 彼女たちに花をあげる。(yo)

10. 私にそれをくれる？(tú)

11. あなたに日本語を教える。(yo)

B. 目的格代名詞を用いた答えを完成させましょう。

1. ¿Lo sabes? – No, (   ) quiero saber. / No, quiero (   ).

2. ¿Me dices mentiras? – No, no (   ) (   ) (   ).

3. ¿Le compráis un libro? – Sí, (   ) (   ) (   ).

4. ¿Le compas un diccionario? – Sí, voy a (   ).

5. ¿Puedes regalarme chocolates? – Sí, quiero (   ).

6. ¿Usted les vende su coche? – No, no (   ) (   ) (   ) nunca.

C. 「私は音楽が好き」Me gusta la música.をアレンジしながら作文しましょう。

1. 私は音楽が好きじゃない。

2. 君は音楽が好き？

3. 私たちはサッカーが好き。

4. カルメンは動物が好き。

5. あなたはスペインが好きですか。

6. 私は旅行することがとても好き。

7. 君たちは歌うことが全く好きじゃない。

D. gustar と同種の動詞を用いて、文を完成させましょう。
  - apetecer, dar, doler, encantar, hacer, interesar, parecer

1. A mí (　　　) (　　　　　　　　) los dientes.　　　　　　歯が痛い

2. A nosotros (　　　　) (　　　　　　　) descansar.　　　　休みたい気分だ

3. A mis padres (　　　　) (　　　　　　　) el montañismo.　登山が大好きだ

4. ¿A ti (　　　) (　　　　　　) este escritor?　　　　　　作家に興味がある

5. ¿Qué (　　　) (　　　　　　) falta a vosotros?　　　　　必要である

6. A Antonio (　　　　) (　　　　　　) la espalda.　　　　　背中が痛い

7. A mí (　　　) (　　　　　) miedo esa película.　　　　　恐怖を感じさせる

8. ¿A usted (　　　　) (　　　　　　　) bien?　　　　　　　良いと思える

23

Capítulo 12

A.　１２章で学習した再帰動詞を現在形に活用させ、意味を記入しましょう。

　　ej: levantarse a las seis (tú) – te levantas a las seis （６時に起きる）

1.　levantarse ahora (yo)　　　–　　　　　　　　　　　　　　(　　　　　　　　　)

2.　despertarse tarde (él)　　　–　　　　　　　　　　　　　　(　　　　　　　　　)

3.　acostarse temprano (tú)　　–　　　　　　　　　　　　　　(　　　　　　　　　)

4.　llamarse Manuel (yo)　　　–　　　　　　　　　　　　　　(　　　　　　　　　)

5.　ponerse la chaqueta (yo)　–　　　　　　　　　　　　　　(　　　　　　　　　)

6.　quitarse el reloj (ella)　　　–　　　　　　　　　　　　　　(　　　　　　　　　)

7.　lavarse la cara (nosotros)　–　　　　　　　　　　　　　　(　　　　　　　　　)

8.　bañarse a las diez (yo)　　　–　　　　　　　　　　　　　　(　　　　　　　　　)

9.　ducharse a las siete (él)　　–　　　　　　　　　　　　　　(　　　　　　　　　)

10. acercarse aquí (usted)　　　–　　　　　　　　　　　　　　(　　　　　　　　　)

11. romperse (la máquina)　　　–　　　　　　　　　　　　　　(　　　　　　　　　)

12. sentarse cerca (ellos)　　　–　　　　　　　　　　　　　　(　　　　　　　　　)

13. situarse lejos (tu pueblo)　–　　　　　　　　　　　　　　(　　　　　　　　　)

14. venderse (las motos)　　　–　　　　　　　　　　　　　　(　　　　　　　　　)

15. alquilarse (esta casa)　　　–　　　　　　　　　　　　　　(　　　　　　　　　)

16. servirse (la comida)　　　–　　　　　　　　　　　　　　(　　　　　　　　　)

17. irse ya (yo)　　　　　　　–　　　　　　　　　　　　　　(　　　　　　　　　)

18. irse de aquí (vosotros)　　–　　　　　　　　　　　　　　(　　　　　　　　　)

19. marcharse del país (tú)　　–　　　　　　　　　　　　　　(　　　　　　　　　)

20. comerse todo (nosotros)　–　　　　　　　　　　　　　　(　　　　　　　　　)

21. beberse la botella (yo)　　–　　　　　　　　　　　　　　(　　　　　　　　　)

22. morirse de hambre (yo)　　–　　　　　　　　　　　　　　(　　　　　　　　　)

23. dormirse (el bebé)　　　　–　　　　　　　　　　　　　　(　　　　　　　　　)

B. 再帰動詞を適切な形で入れましょう。

- decirse, enseñarse, escribirse, irse, levantarse, llamarse, poderse, ponerse, quitarse

1. ¿A qué hora (   ) (   ) tú?　　　　何時に起きる

   – Quiero (   ) a las siete y media.　　7 時半に起きたい

2. ¿Dónde (   ) (   ) los zapatos yo?　　どこで靴を脱ぐ

3. ¿Cuándo (   ) (   ) los guantes usted?　いつ手袋をはめる

4. ¿Cómo (   ) (   ) tú?　　　　　　名前は何

5. ¿(   ) (   ) vuestros idiomas?　　　言語を教え合う

6. Mis alumnos (   ) (   ) entre Perú y Japón. 文通する

7. Ya tenemos que (   ) al aeropuerto.　　　空港へ行かなきゃ

8. ¿Cómo (   ) (   ) "gracias" en inglés?　英語で何と言う

9. ¿(   ) (   ) tomar fotos?　　　　写真を撮って良い

C. 再帰動詞の用法を意識しながら、それぞれの文を和訳しましょう。

1. a) Me llamo Toni.　　　　　b) Te llamo Toni.

2. a) Te acuestas a las nueve.　　b) Acuestas a tu hijo a las nueve.

3. a) ¿Nos ayudamos?　　　　b) ¿Os ayudamos?

4. a) Me voy de Osaka a Tokio.　b) Voy de Osaka a Tokio.

5. a) Voy a lavarme.　　　　　b) Voy a lavar el coche.

6. a) Me pongo el abrigo.　　　b) Le pongo el abrigo a mi hermana menor.

7. a) ¿Cuánto tiempo se tarda?　b) ¿Cuánto tiempo tarda Ricardo?

Capítulo 13

A. 「する」にあたる動詞を入れましょう。必要があれば活用させること。

　　※「する」動詞の選択は目的語の名詞に左右されます。わからない場合は名詞を辞書で引きましょう。

1. Tenemos que (　　　　　　　　　) una decisión inmediata.

2. Esta tarde vamos a (　　　　　　　　　) un paseo por el parque.

3. Vamos a (　　　　　　　) una cosa.

4. Yo no (　　　　　　　) miedo a los fracasos.

5. Los estudiantes me (　　　　　　　　) muchas preguntas.

6. A los estudiantes, yo les (　　　　　　　　　) respuestas concretas.

7. Ese investigador (　　　　　　　　) un estudio sobre ese fenómeno.

8. ¿(Vosotros) (　　　　　　　) alguna duda?

9. El presidente (　　　　　　　　) referencia a los problemas económicos.

10. Debes (　　　　　　) clic sobre este botón.

11. Vamos a (　　　　　　) una vuelta en coche por la ciudad.

12. Es importante (　　　　　　　　) ejercicios regularmente.

B. 「である」にあたる動詞を入れましょう。必要があれば活用させること。

1. (　　　　　　　　) claro que mañana llueve.

2. Comprar sin comparar precios puede (　　　　　　　　) caro.

3. Hoy tengo una cita y (　　　　　　　) guapo con mi traje nuevo.

4. Este libro de texto (　　　　　　　) dirigido a los principiantes.

5. Después de la operación, ella (　　　　) (　　　　　　　　) bien.

26

C. 「なる」にあたる動詞を入れましょう。必要があれば活用させること。

1. Quieres (   ) amigo de nosotros.

2. Siempre yo (   ) (   ) nervioso antes de hablar en público.

3. Cuando ella me mira, yo (   ) (   ) loco.

4. Estoy seguro de que mis sueños (   ) (   ) realidad.

5. Ellos (   ) (   ) alegres cuando comen.

D. 日本語や英語の動詞が脱意味化して「する」、「である」、「なる」のように
なるケースを書き出してみましょう。

Capítulo 14

A. tú と vosotros に対する肯定命令および現在分詞 (gerundio) を作りましょう。

1. trabajar　　(tú)　　　　　　　　(vos.)　　　　　　　g.

2. estudiar　　(tú)　　　　　　　　(vos.)　　　　　　　g.

3. cerrar　　　(tú)　　　　　　　　(vos.)　　　　　　　g.

4. esperar　　(tú)　　　　　　　　(vos.)　　　　　　　g.

5. tratar　　　(tú)　　　　　　　　(vos.)　　　　　　　g.

6. contar　　　(tú)　　　　　　　　(vos.)　　　　　　　g.

7. comer　　　(tú)　　　　　　　　(vos.)　　　　　　　g.

8. ver　　　　(tú)　　　　　　　　(vos.)　　　　　　　g.

9. aprender　　(tú)　　　　　　　　(vos.)　　　　　　　g.

10. tener　　　(tú)　　　　　　　　(vos.)　　　　　　　g.

11. ser　　　　(tú)　　　　　　　　(vos.)　　　　　　　g.

12. poner　　　(tú)　　　　　　　　(vos.)　　　　　　　g.

13. leer　　　　(tú)　　　　　　　　(vos.)　　　　　　　g.

14. hacer　　　(tú)　　　　　　　　(vos.)　　　　　　　g.

15. abrir　　　(tú)　　　　　　　　(vos.)　　　　　　　g.

16. escribir　　(tú)　　　　　　　　(vos.)　　　　　　　g.

17. salir　　　(tú)　　　　　　　　(vos.)　　　　　　　g.

18. oír　　　　(tú)　　　　　　　　(vos.)　　　　　　　g.

19. decir　　　(tú)　　　　　　　　(vos.)　　　　　　　g.

20. dormir　　(tú)　　　　　　　　(vos.)　　　　　　　g.

21. pedir　　　(tú)　　　　　　　　(vos.)　　　　　　　g.

22. ir　　　　(tú)　　　　　　　　(vos.)　　　　　　　g.

23. seguir　　(tú)　　　　　　　　(vos.)　　　　　　　g.

24. venir　　　(tú)　　　　　　　　(vos.)　　　　　　　g.

B. 活用形から相手を判断し、文全体を tú または vosotros に対する肯定命令に書き換えましょう。下線部の目的語は代名詞に言い換えること。

1. Me escucháis, por favor. ⇒

2. Cierras las ventanas. ⇒

3. Haces el trabajo inmediatamente. ⇒

4. Les escribís enseguida. ⇒

5. Nos das tu dirección. ⇒

6. Me cuentas tu historia. ⇒

7. Le lleváis este café. ⇒

8. Te acuestas, que es muy tarde. ⇒

9. Te pones la bufanda. ⇒

C. 現在分詞を用いて文を完成させましょう。
  - 動詞(句)：acabarnos, llorar, vestirse, poner en duda, quererte, quitarse

1. 待って、ルイスが着替えている。　Espera, Luis está (　　　　　　　　　　).

2. カルロスは君を愛し続けている。　Carlos sigue (　　　　　　　　　　).

3. 私たちの仕事は終わりかけだ。　Vamos (　　　　　　　　) este trabajo.

4. 大泣きするので彼女の化粧がすっかり落ちていっている。

    (　　　　　　　　　　) mucho, su maquillaje está (　　　　　　　　　　) todo.

5. たとえその品質に疑問を抱いたとしても、それを信頼しなければならない。

    Aun (　　　　　　　　　　　　) la calidad, tenemos que confiarlo.

Capítulo 15

A. 過去分詞を作りましょう。

1. ser

2. estar

3. tener

4. estudiar

5. vender

6. pasar

7. salir

8. pensar

9. cerrar

10. hacer

11. poner

12. romper

13. escribir

14. ver

15. volver

16. morir

17. decir

18. abrir

B. 過去分詞と ser, estar の現在形を用いて文を完成させましょう。

- cerrar, analizar, abrir, romper, encender, pensar, revolver

1. Abre las ventanas (   ).　　　　　　閉まっている窓を開けて

2. El problema va a (   ) (   ) hoy. 今日分析されるだろう

3. El problema (   ) (   ) ya.　　　すでに分析されている

4. La biblioteca (   ) (   ) para todos.　誰にでも開かれている

5. La biblioteca (   ) (   ) de las 9.　　9時から開いている

6. Los relojes (   ) (   ).　　　　　時計は壊れている

7. La luz no (   ) (   ) todavía.　　まだ点けられてない

8. Es un sistema bien (   ).　　　　　よく考えられたシステム

9. Me gustan los huevos (   ).　　　　スクランブルエッグが好き

10. La sociedad (   ) (   ).　　　　社会は混乱している

30

C. 現在完了形に活用させましょう。

1. llegar aquí esta mañana (yo)

2. estar en Cuba alguna vez (tú)

3. no decirle nada (nosotros)

4. creerlo (tú)

5. levantarse temprano (yo)

6. hacerlas antes de salir (vosotros)

7. no ponerse los zapatos (ellos)

8. dársela hoy (usted)

D. 単語を並べ替えて意味が通る文にしましょう。大文字で始め、下線部は代名詞
   に言い換えること。ピリオドやコンマも適宜付けましょう。

1. no, hoy, desayunado, he

2. todavía, escrito, no, han, me

3. madre, estos, ha, mi, bien, estado, días, muy

4. ¿, leído, cuándo, este artículo, habéis, ?

5. ¿, la papa a la Huancaína, alguna, probado, vez, han, ustedes, ?

6. se, ahora, dormido, bebé, ha, el

7. ¿, lavado, manos, has, te, las, ? – sí, he, las manos, lavado, me, ya

8. me, olvidado, se, ha

9. tiempo, acabado, nos, se, ha, el

31

Capítulo 16

A. 点過去形に活用させましょう。

1. hablar (yo)

2. tomar (tú)

3. acostarse (él)

4. comer (tú)

5. beberse (nosotros)

6. vivir (yo)

7. escribir (ellas)

8. abrir (vosotros)

9. llegar (yo)

10. tocar (yo)

11. empezar (yo)

12. leer (nosotros)

13. leer (ellos)

14. oír (tú)

15. seguir (usted)

16. pedir (nosotros)

17. repetir (Luisa)

18. vestirse (los niños)

19. sentir (él)

20. preferir (yo)

21. dormir (mi hija)

22. morir (ellos)

23. tener (yo)

24. hacer (ella)

25. decir (Pablo y Mario)

26. estar (tú)

27. haber (un terremoto)

28. poder (nosotras)

29. ponerse (yo)

30. saber (yo)

31. querer (vosotros)

32. venir (ustedes)

33. ser (yo)

34. ir (los jugadores)

35. dar (mi padre)

36. ver (tú y yo)

B. 指定の表現を加えて点過去形の文に書き換えましょう。

1. ¿Abres el negocio? ＋昨年

2. Mi abuela muere. ＋１１年前に

3. Llueve mucho. ＋先月

4. Bailamos en la discoteca. ＋一晩中

5. Me quedo en casa. ＋昨日、一日中

6. Tengo una oportunidad muy buena. ＋２０１９年に

7. Queremos visitar la exposición, pero no podemos. ＋水曜日

8. Ocurre un terremoto muy horrible. ＋一昨日

9. Los pendientes son encontrados por la niña. ＋先週

10. Luisa se viste elegantemente. ＋先日

C. 点過去形を用いて作文しましょう。
   - los deberes, todas las obras, botellas de vino, aprender a tocar el violín

1. ５日前に彼らと２時間話した。(nosotros)

2. 宿題をした？(tú)－しなかった。(yo)

3. 昨日はどこにいたの？(tú)－美術館にいた。(yo)　全ての作品が気に入った。

4. 昨夜パブロはパーティーに行けなかった。

5. 先週そのことを知った。(nosotros)

6. 授業に間に合った？(tú)－いや、間に合わなかった。(yo)

7. 祖父と父は３本のワインを全て飲み干した。

8. 私はチリに４年間住んだ。

9. いつバイオリンを習い始めたの？(tú)

Capítulo 17

A. 前置詞として機能する熟語を入れましょう。

1. 教会は広場の向かいにある。　La iglesia está ＿＿＿＿＿＿＿＿＿＿＿ la plaza.

2. 私は友達と映画館に行く。　Voy al cine ＿＿＿＿＿＿＿＿＿＿＿ mi amigo.

3. 私達はビーチ沿いを歩く。　Caminamos ＿＿＿＿＿＿＿＿＿＿＿ la playa.

4. 授業後に会いましょう。　　Nos vemos ＿＿＿＿＿＿＿＿＿＿＿ la clase.

5. 君達のお陰で私はここにいる。＿＿＿＿＿＿＿＿＿＿＿ vosotros, estoy aquí.

6. 窓から庭が見られる。

   Puedes ver el jardín ＿＿＿＿＿＿＿＿＿＿＿ la ventana.

7. 雨に備えて傘を持っていきなさい。

   Lleva un paraguas ＿＿＿＿＿＿＿＿＿＿＿ que llueva.

8. 部屋には５０人くらいいる。

   Hay ＿＿＿＿＿＿＿＿＿＿＿ 50 personas en la sala.

9. この文化についてもっと学びたい。

   Quiero aprender más ＿＿＿＿＿＿＿＿＿＿＿ esta cultura.

10. 寝る前に歯を磨きなさい。

    Cepíllate los dientes ＿＿＿＿＿＿＿＿＿＿＿ dormir.

B. 接続詞として機能する熟語を入れましょう。

1. 教えた通りにやってください。　Hazlo ＿＿＿＿＿＿＿＿＿＿＿ te enseñé.

2. 雨が降っていたので家にいることにした。

   Estaba lloviendo, ＿＿＿＿＿＿＿＿＿＿＿ decidí quedarme en casa.

3. 私は病気なので外出できない。　No puedo salir _____ estoy enfermo.

4. 私が紅茶好きなのに対し、彼はコーヒー好きだ。

   Prefiero el té _____ él prefiere el café.

5. 彼は会計だけでなく、事務も担当している。

   Es responsable de la contabilidad _____ de la administración.

C. 談話標識として機能する熟語を入れましょう。

1. フルーツが好きです、例えば、リンゴや洋梨。

   Me gustan las frutas, _____, las manzanas y las peras.

2. お金がなかったので何も買わなかった。

   No tenía dinero, _____ no compré nada.

3. 外出したかった、だけど、家にいなければならなかった。

   Quería salir, _____, tenía que quedarme en casa.

4. 一般的に言って、この街の人たちはとても友好的だ。

   _____, la gente de esta ciudad es muy amigable.

5. 実際には、彼女はとても悲しかった。

   _____, ella estaba muy triste.

6. 私はスポーツが好きです、特にサッカーが。

   Me gustan los deportes, _____, el fútbol.

7. 彼は金融業界で働いている、つまり、銀行で。

   Trabaja en el sector financiero, _____, en un banco.

Capítulo 18

A.　線過去形に活用させましょう。

1.　esperar (tú)

2.　tener (yo)

3.　estar (vosotros)

4.　vender (ellas)

5.　tomar (los alumnos)

6.　vivir (ustedes)

7.　beber (ella)

8.　escuchar (nosotros)

9.　saber (tú)

10. ponerse (nosotras)

11. levantarse (yo)

12. encontrarse (Pepe y yo)

13. gustarle (el café)

14. ver (Isabel y tú)

15. ser (tú)

16. ser (nosotros)

17. ir (tú y yo)

18. ir (ellos)

B.　下線部には線過去形、二重下線部には点過去形を用いて作文しましょう。
-　　oír la sirena, tener sed, beberse el agua, estar despejado, ir a la playa

1.　学生の時、あのレストランで働いていた。(vosotros)

2.　授業後は毎日図書館で４時間勉強していた。(nosotras)

3.　私がルイスに電話した時、彼は家にいなかった。

4.　サイレンが聞こえた時は夜の１１時だった。(yo)

5.　私たちに何かを言おうとしていた。(ellos)

6.　もう宿題はしたの？(tú)－もちろん、今やろうとしていたよ。(yo)

7. とてものどが渇いていたので、水を飲み干した。(yo)

8. とても晴れていたので、私たちは海に行った。

9. 息子たちは駅で私を待っていると言った。

10. アナは東京が好きと言った。

C. 過去完了形に活用させましょう。

1. conocer al señor López (nosotros)

2. ver aquella película de fantasía (tú)

3. comprarle un regalo a mi padre (yo)

4. irse del campus (yo)

5. acostarse con su peluche (mi hijo)

D. 現在完了形・線過去形・過去完了形のいずれかに活用させましょう。

1. Nunca (ver: nosotros) el paisaje tan bonito hasta entonces.

2. Nunca (ver: nosotros) el paisaje tan bonito hasta ahora.

3. Antes de venir a España, (leer: yo) esta revista cada mes.

4. Antes de venir a España, ya (recibir: yo) tu carta.

5. Cuando eras niño, ¿te (gustar) el pescado?

Capítulo 19

A. 現在完了形・点過去形・線過去形・過去完了形のいずれかに活用させましょう。

1. De joven, mis padres (trabajar) en aquella panadería.

2. El fin de semana mis amigos (trabajar) en aquella panadería 24 horas.

3. Mi hermano ya (trabajar) en aquella panadería antes de marcharse a París.

4. ¿A dónde (ir: tú) hace poco? – (Ir) a la farmacia.

5. ¿A dónde (ir: tú) ayer? – (Ir) al centro cívico.

6. ¿A dónde (ir: tú) ayer cuando te (llamar: yo)? – (Ir) al gimnasio.

7. El otro día (llover) mucho.

8. Cuando (levantarse: yo) ayer, (llover) mucho.

9. Esta mañana (llover) mucho.

10. (Levantarse: nosotros) muy temprano cuando (ser) niños.

11. Cuando (llegar: yo) a casa a las nueve, ya (acostarse) mis hijos.

12. ¿Ya (acostarse) la niña? – No, no todavía.

13. Cuando te (ver: yo) hace tres días, tú (llevar) las gafas blancas, ¿no?

14. (Ponerse: yo) las gafas rojas ayer.

15. ¿(Ponerse: tú) el kimono alguna vez? – Sí, (ponérselo) dos veces en Kioto.

16. Antes de venir a Japón, yo (ponerse) el kimono una vez en un evento en Roma.

17. ¿A qué hora (venir) tus padres ayer? – No (poder) venir por culpa de la tormenta.

18. Cuando me lo (contar: tú) aquel día, ya lo (saber: yo).

19. ¿Qué (hacer: vosotros) el domingo pasado? – (Jugar) al fútbol.

20. ¿Qué (hacer: vosotros) entonces? – (Jugar) al fútbol en el parque.

B. 下線部の動詞には誤りがあります。正しい時制に修正しましょう。

1. Cuando ocurrió el accidente, fueron las nueve de la mañana. 　　朝の９時だった

2. ¿Me dijiste algo? – No, no te iba a decir nada. 　　言おうとしていた

3. ¿Te gustó la película? – Sí, me había gustado mucho. 　　とても気に入った

4. Cuando tenía 17 años, estudié 6 horas todos los días. 　　勉強していた

5. ¿Has leído El Quijote? – Sí, lo leía. 　　読んだ（ことがある）

6. Luis me dijo que sus padres vienen aquí a Granada pronto. 　　来ると言った

7. Le dije que ya le di ese libro el día anterior. 　　前日すでに渡した

8. Me dijiste que has estado una vez en Buenos Aires, ¿verdad? 　行ったことがある

C. 作文しましょう。
   - tener una reunión, asistir, anteayer, estar en la oficina, ir a España, estar en Barcelona

1. 昨日は会議が３時間あった。（yo）

2. 昨日は会議があったが、出席できなかった。（yo）

3. 一昨日は事務所にいた。（nosotros）

4. 一昨日君に電話した時 (nosotros)、どこにいたの(tú) ？

5. 去年は両親とスペインに行った。（yo）

   君はバルセロナに行ったことある？

   －２０２０年より前に２回行ったことあったよ。

Capítulo 20

A. 下線部の形容詞・副詞を「より〜である」という比較級に変えましょう。

1. ser <u>interesante</u>
2. venir <u>temprano</u>
3. una obra <u>grande</u>
4. <u>grandes</u> posibilidades
5. su hermano <u>pequeño</u>
6. encontrarse <u>bien</u>
7. <u>muchas</u> flores
8. estar <u>ocupados</u>
9. estudiar <u>mucho</u>
10. <u>buenas</u> ideas

B. 比較級の文を完成させましょう。

1. Esa camiseta es (　　　　　) bonita (　　　　　) la mía.　より素敵
2. Mi bolso fue (　　　　　) barato (　　　　　) este.　　　より安かった
3. Mi bolso fue (　　　　　) barato (　　　　　) aquel.　　同じくらい
4. Tomamos (　　　　) fotos (　　　　) yo.　　　　　　　より多い
5. Tomas (　　　　) fotos (　　　　) Manuel.　　　　　より少ない
6. Tomo (　　　　) fotos (　　　　) vosotros.　　　　　同じくらい
7. Esta taza es (　　　　) cara (　　　　) la suya.　　　より高くない
8. Los niños duermen (　　　　) (　　　　) los mayores.　より多く
9. Luis camina (　　　　) (　　　　) su abuelo.　　　　より少なく
10. Este pan está (　　　　) (　　　　) ese.　　　　　　より悪い
11. Vuestra obra es (　　　　) (　　　　) la nuestra.　　より良い
12. Tu abuela es (　　　　) (　　　　) la mía.　　　　　年上
13. Mi primo es (　　　　) (　　　　) yo.　　　　　　　年下
14. Mi tío tiene (　　　　) (　　　　) 50 años.　　　　５０（歳）以上

C.　下線部を比較級または最上級に変え、指定の表現を加えて全文を書きましょう。

1.　Estos temas son <u>importantes</u>.

　　　⇒比較級 ＋ antes

　　　⇒最上級 ＋ la conferencia

2.　Tu idea fue <u>buena</u>.

　　　⇒比較級 ＋ las otras

　　　⇒最上級 ＋ todas

3.　Hablabas inglés <u>bien</u>.

　　　⇒比較級 ＋ yo

4.　Tenemos cinco años, por eso somos <u>grandes</u>.

　　　⇒比較級 ＋ vosotros

　　　⇒最上級 ＋ la clase

5.　Este año ha llovido <u>mucho</u> y ha nevado <u>poco</u>.

　　　⇒比較級 ＋ el año pasado

D.　指定の表現を加えて同等比較級の文に書き換えましょう。

1.　Mi ordenador es nuevo. ＋ este

2.　Vimos muchos partidos. ＋ ellos

3.　He paseado mucho. ＋ mi padre

4.　Mis ideas no eran buenas. ＋ las tuyas

5.　Hay mucha gente hoy. ＋ ayer

Capítulo 21

A. 未来形に活用させましょう。

1. ser (él)

2. estar (nosotros)

3. irse (yo)

4. sacar (tú)

5. seguir (ellos)

6. llegar (vosotros)

7. volver (yo)

8. investigar (él)

9. haber (tú)

10. venir (yo)

11. salir (usted)

12. querer (ellos)

13. poder (tú)

14. ponerse (vosotros)

15. tener (yo)

16. decir (ella)

17. saber (nosotros)

18. hacerse (los niños)

B. 未来形を用いて指定の内容で答えましょう。

1. ¿Qué vais a hacer después? (quedarse en casa)

2. ¿A dónde vas mañana? (ir al cine)

3. ¿Cómo está tu abuelo? (estar bien)

4. ¿Cuándo te van a dar el carné de conducir? (tenerlo este viernes: yo)

5. ¿Qué hora es? (la una y media)

6. ¿A qué hora vas a levantarte mañana? (las cinco)

7. ¿Quién lo sabe? (Manuel y Luis)

8. ¿Qué hago yo? (decirme la verdad: tú)

9. Ahora no puedo decírtelo. (ya contármelo: tú)

10. A ver qué va a pasar. (ya verlo: nosotros)

C. 未来完了形に活用させましょう。

1. acostarse antes de las once (yo)

2. obtener el pasaporte para este fin de mes (tú)

3. no abrir la carta todavía (usted)

4. hacerlos antes de su llegada (nosotros)

D. 未来形または未来完了形を用いて作文しましょう。

1. 明日は雨は降らないだろう。

2. 息子はこの時間には学校を出ているだろう。

3. アルバロは家にいるだろう。

4. 今週金曜にはマチュピチュに着いているだろう。(ellos)

E. 質問に最も合う返答を一つ選びましょう。

1. この映画見た？　　　　　a) No la había visto nunca.　　c) Sí, la veré mañana.

　　　　　　　　　　　　　b) Estoy escuchándola.　　　　d) Sí, la he visto hoy.

2. アントニオは何歳？　　　a) No sé, tendrá unos 40 años.　c) No tiene años.

　　　　　　　　　　　　　b) Es 25 años.　　　　　　　　d) Ya no estará.

3. サラは何をしているの？a) Ya había comido.　　　　　c) Trabajaba mucho.

　　　　　　　　　　　　　b) Habrá acabado su trabajo.　d) Tuvo un problema.

Capítulo 22

A. 過去未来形に活用させましょう。

1. ser (él)	10. venir (yo)
2. estar (nosotros)	11. salir (usted)
3. irse (yo)	12. querer (ellos)
4. sacar (tú)	13. poder (tú)
5. seguir (ellos)	14. ponerse (vosotros)
6. llegar (vosotros)	15. tener (yo)
7. volver (yo)	16. decir (ella)
8. investigar (él)	17. saber (nosotros)
9. haber (tú)	18. hacerse (los niños)

B. 過去未来完了形に活用させましょう。

1. Me preguntaron si (terminar) el trabajo para la semana siguiente.

2. Me dijiste que (cortarse) el pelo antes del viaje.

3. Creíamos que (volver) a casa para las nueve de la noche.

C. 作文しましょう。

1. （できれば私は）ここで働きたいのですが。

2. （よろしければ）そのドアを閉めていただけますか？

3. 父は１２月に戻るだろうと言った。

4. ５時前には起きているだろうと言った。（vosotros）

5. 私が学生だった時、ホルヘは３０歳以上だっただろう。

D. 同じ意味になるように hacer を用いて使役構文を完成させましょう。

1. Me pongo triste al escuchar su música.

   = Escuchar su música (　　　　　　) (　　　　　　　　) triste.

2. Ella lloró sabiendo la noticia.

   = La noticia (　　　　　　) (　　　　　　　) llorar.

3. Nos hemos enfadado mucho por tratarnos mal.

   = Ese mal trato (　　　　　) ha (　　　　　　) muy enfadados.

4. Volviste muy bien, por eso estábamos muy felices.

   = Volviste muy bien. Eso (　　　　　) (　　　　　　　) muy felices.

E. oír, ver, sentir を用いて３〜４単語の知覚構文を作りましょう。
   - gritar, hacer compras, lejos, salir

1. 彼らが叫ぶのが聞こえる？（tú）

2. 君が買い物しているのを見た。（yo）

3. 彼女らを遠くに感じる。（yo）

4. 私が出掛けるのを見ていた。（ellos）

45

Capítulo 23

A. 関係詞を用いて一つの文に書き換えましょう。

1. La plaza es muy grande. + Siempre corríamos en la plaza.

2. Los señores eran de Perú. + Bailé con ellos la salsa anoche.

3. Ellas son mis amigas íntimas. + El otro día te hablé de ellas.

4. Vivía aquí una señora mayor. + La cuidaba yo siempre.

5. Voy a viajar a la ciudad. + Allí nacieron muchos pintores.

6. En la cabina hay un teléfono público. + Me llamaba mi hijo por ese teléfono.

7. No queremos vender esta guitarra. + El propietario de la guitarra era nuestro padre.

8. Eran tiempos revueltos. + Nací en aquellos tiempos.

9. Este es mi artista favorito. + Su música suele hacerme feliz.

10. La niña es María Isabel. + Los de la autoridad preguntaron por ella ayer.

B. 和訳しましょう。1~4 はことわざ (refrán) です。意味や発音にも注目しましょう。

1. Quien no ha visto Sevilla no ha visto maravilla.

2. Quien mucho habla mucho yerra.　※errar

3. Quien tiene arte va por toda parte.

4. El que la sigue la consigue.

5. El que no madruga con el sol, no goza del día.

6. Ella no es quien organiza el evento.

7. Los que aparecen ahí son los protagonistas de la película.

8. Con el que quería sacar una foto era aquel cantante.

9. Estas señoras son a las que servimos este plato.

10. Es lo que pasa siempre.

11. Lo que no me gusta de ella es mentir mucho.

12. Lo que se me ocurre es seguirte.

C. 先行詞不要の関係詞を用いて作文しましょう。

- interesarme, el arte, Granada, nada, madrugar, ayudar, Dios, arriesgarse, pasar la mar

1. ここに来る人たちが、有名なアーティストです。

2. こちらが私が質問したい人です。

3. 好きなようにしなさい。（tú）（＝君がしたいことをしなさい）

4. 私が興味があるのはスペインの芸術です。

5. グラナダを見たことのない者は何も見たことがない。

6. 早起きする者には神が助ける。

7. 危険を冒さない者は海を渡れない。

※対応する日本語のことわざ
  5. 日光を見ずして結構と言うなかれ
  6. 早起きは三文の徳
  7. 虎穴に入らずんば虎子を得ず

Capítulo 24

A. 直説法と接続法の現在・yo の形に活用させましょう。

ej: tomar – tomo / tome

1. hablar
2. comer
3. vivir
4. ser
5. estar
6. haber
7. tener
8. hacer
9. decir
10. ir
11. saber
12. poner
13. conocer
14. parecer
15. llegar

16. oír
17. dar
18. ver
19. poder
20. querer
21. encontrar
22. seguir
23. contar
24. buscar
25. pensar
26. volver
27. venir
28. comenzar
29. perder
30. pedir

B. 次の文をスペイン語で表現する際、下線部は直説法・接続法のどちらを用いる
ことになるか答えましょう。

1. 私は明日、彼が<u>来る</u>ことを確信している。

2. 君には<u>幸せになって</u>ほしい。

3. 彼は君が<u>探偵だ</u>と言っていたよ。

4. 彼は私に時間通りに<u>来る</u>ように言った。

5. あれ、スペイン語を話せるあの秘書さんはどこにいるんだろう。

6. スペイン語を話す秘書一名募集中

7. 明日本当に雨が降るのか疑わしい。

8. 君達がスペイン語を話せるように、私たちはベストを尽くす。

9. 次にマドリードを訪れる際には Tempranillo というワインバーに行こう。

10. マドリードを訪れるとき、私は必ず Tempranillo というワインバーに行く。

11. 彼が辞職するというのはあり得ることだ。

12. 彼の夢はかなわなかったが、彼は楽しく暮らしている。

13. たとえ彼の夢がかなわなかったとしても、彼は楽しく暮らすだろう。

C. 接続法現在に活用させましょう。

1. estar bien y ser felices (vosotros)

2. poder madrugar y llegar a tiempo (tú)

3. querer vivir en el extranjero (ellas)

4. llover mucho en la montaña

5. hacer buen tiempo el fin de semana

6. tener frío sin abrigarse (los chicos)

7. no quedarse en la oficina (usted)

8. conocer a alguien (nosotros)

9. gustarte mucho (estas obras)

10. no irse todavía (tú)

Capítulo 25

A. 名詞節内の動詞を直説法または接続法の現在形に活用させましょう。

1. Queremos que (ser: tú) feliz.

2. Espero que te (gustar) este regalo.

3. Mis padres quieren que (estar: yo) muy bien.

4. Me alegro de que (verse: nosotros) otra vez.

5. Te pido que me (ayudar: tú).

6. Os aconsejo que no (ir: vosotros) por este camino.

7. Sabemos que ellos (casarse) este mes.

8. Me da mucha pena de que (irse: ellos) de aquí ya.

9. Es mejor que (ponerse: tú) este vestido.

10. Creo que ella (venir) hoy.

11. No pienso que él (vivir) aquí.

12. Estoy seguro de que el señor (hacer) deporte.

13. Es posible que mañana no (hacer) buen tiempo.

14. Es verdad que él no (trabajar) aquí.

15. Tengo mucha duda de que ellos (saber) jugar al fútbol.

B. 形容詞節内の動詞を直説法または接続法の現在形に活用させましょう。

1. Conocemos a un señor que (saber) cocinar bien la paella.

2. Buscamos una persona que (saber) cocinar bien el sushi.

3. Espero tener un coche que (gastar) poca gasolina.

4. ¿Conoces a alguien que (hablar) bien castellano y catalán?

5. No tengo ningún amigo que (vivir) en España.

6. Vivo en una casa que (tener) un jardín grande y (estar) cerca de la estación.

7. Quiero un piso que (tener) 3 dormitorios, (estar) en el centro y (ser) barato.

C. 副詞節内の動詞を直説法または接続法の現在形に活用させましょう。

1. ¿Me compras este libro para que (poder: yo) estudiar español?

2. Te recomiendo visitar el Museo del Prado cuando (viajar: tú) a Madrid.

3. Cuando (ir: nosotros) a Barcelona, siempre visitamos el Museo de Picasso.

4. Aunque (llover), habrá fiesta.　※たとえ雨が降っても

5. Habrá evento aunque (llover).　※雨が降っているけれど

D. 各文で接続法現在形を用いて作文しましょう。
   - ahora mismo, enseguida, enfadarse tanto, alegrarse de que, decir la verdad, empezar [comenzar] la reunión, sentarse, tan tarde, por la noche/mañana, temprano

1. 君たちに今すぐ来てもらいたい。(yo)

2. すぐにそれをしてください。(usted)

3. そんなに怒らないで。(tú)　私は彼が本当のことを話してくれて嬉しいよ。

4. 会議を開始しましょう。(nosotros)　どうぞ着席してください。(ustedes)

5. 夜はそんなに遅く寝ないで、朝はもっと早く起きなさい。(vosotras)

Capítulo 26

A. 点過去・ellos の形と接続法過去・yo の形に活用させましょう。

ej: tomar – tomaron / tomara

1. hablar
2. comer
3. vivir
4. ser
5. estar
6. haber
7. tener
8. hacer
9. decir
10. ir
11. saber
12. poner
13. conocer
14. parecer
15. llegar
16. oír
17. dar
18. ver
19. poder
20. querer
21. encontrar
22. seguir
23. contar
24. buscar
25. pensar
26. volver
27. venir
28. comenzar
29. perder
30. pedir

B. 接続法過去形に活用させましょう。

1. Si tú (ser) mi amigo, me hubieras ayudado.

2. Dudo que él (tener) razón.

3. Me sorprendería si ellos no (saber) la respuesta.

4. Ojalá que tú (venir) a la fiesta.

5. No creí que Juan (decir) eso.

C. 過去の事象を表すように文全体を書き換えましょう。

1. Es bueno que tú estudies.

2. Quiero que él hable.

3. Necesito que ellas compren el libro.

4. Prefiero que ustedes no salgan.

5. Es posible que María venga.

6. Espero que él tenga tiempo.

7. Deseo que tú hagas la tarea.

8. Me alegra que ellos lo entiendan.

9. Quieren que nosotros vivamos en la ciudad.

10. Es necesario que tú corras todos los días.

11. Sugiero que él lea ese libro.

12. Es una lástima que ella no cante.

13. Me gusta que ustedes viajen.

14. Es probable que nosotros salgamos temprano.

D. 接続法過去完了形と過去未来完了形を用いて反事実条件文を完成させましょう。

1. もし君が昨日来ていたら、マリアと知り合いになれたのに。

    Si (   ) (   ) ayer, (   ) conocido a María.

2. もし天気が良かったら、私たちは泳いだのに。

    Si (   ) (   ) buen tiempo, (   ) nadado.

53

新スペイン語文法

―詳解と実践―

別冊見開き問題集

©2024 年 1 月 30 日 初版発行

著　者	蔦原　亮
	辻　博子
	宮城志帆

発行者	小川　洋一郎

発行所　　　　　　　　　　　　朝日出版社
〒101−0065東京都千代田区西神田3−3−5
電話03（3239）0271
FAX03（3239）0479
振替口座00140−2−46008
http://text.asahipress.com/spanish/

印刷・製本　　　　　　　　　　錦明印刷(株)

＜落丁・乱丁本はお取り替えします＞

✓ Ejercicio

1 次の動詞について、不定詞と **yo** の活用形を答えましょう。

1) conoces

2) ponemos

3) vienen

4) decís

5) oyes

6) sale

7) vais

8) ve

9) sabe

10) dan

11) hacéis

12) traes

2 2〜4単語のスペイン語にしましょう。

1) アントニオを知っているの？（vosotros）

2) ピアノが弾ける。(yo)

3) ディエゴは10歳だ。

4) おなかはすいていない。(yo)

5) 今日来る？（tú）

3 作文しましょう。

1) 授業後にフェルナンドに会わなきゃ。(yo)

2) 6時より前にオフィスを出るつもりだ。(ella)

3) 明日以降は、毎日運転する。(yo)

4) 彼の動画を通してスペイン語を学ぶ。(ellos)

5) ラテンアメリカ一帯を旅行しよう！

Vocabulario

Antonio, tocar el piano, hoy, Fernando, la clase, la oficina, todos los días, aprender, vídeos, viajar, Latinoamérica

10

複文の作り方

これまでに学んできた文は突き詰めればいずれも、「太郎は歌う」のような単文でした。本章では「太郎は花子が学生だと思っている」、*Taro thinks that Hanako is a student.* のような、二つ以上の文からなる**複文**の作り方を学びます。

10.1. 従属接続詞を用いる

スペイン語の複文の作り方は英語と同様です。英語では *that* や *when, if, although* といった接続詞で単文をつなぐことで複文を作ります。これらの接続詞に相当するのが que, cuando, si, aunque です。いずれも接続詞ですのでアクセントはありません。弱く発音します。

que　*that* に相当　**英語とは異なり que は省略不可**

Taro piensa que Hanako es estudiante.

より図式化して言えば、【主語＋動詞＋que＋文】という構造をとります。ser, decir, creer, pensar, saber, parecer, ver は特に que による従属節をとることの多い動詞です。

Es que no entiendo.
La verdad es que no puedo cocinar.　▶la verdad es que「実を言うと」
¿Decís que todos estáis enfermos?
Dicen que ella conoce muy bien a Valeria.　▶dicen que「〜だそうだ、〜らしい」
　　＊三人称複数形：不特定主語文　Llaman a la puerta.
Creo que es una idea muy buena.
¿Piensas que tenemos que hacer más ejercicios?
Sé muy bien que vas a volver a esta ciudad.
Parece que va a llover dentro de poco.　▶parece que「〜なようだ、〜と思われる」
Veo que estáis cansadas.　▶ver que「〜なようだ（気付く）」

cuando *when* に相当

Cuando estudio, no escucho la radio.

Cuando no tienes ganas de trabajar, ¿qué haces?

si *if* に相当

Si hace buen tiempo mañana, vamos a hacer un picnic.

Si no estás bien, no debes salir esta noche.

if に相当するわけですから、「〜かどうか」という使い方も可能です。

No sabemos si venís.

A ver si gana el equipo…　▶a ver si「さて〜するかどうか」

aunque *although* に相当

Aunque no trabajo mucho, quiero ganar mucho.

El resultado es muy curioso aunque no es muy práctico.

Aunque no me dices si vienes, preparo la comida para ti.

10.2. 関係詞節を用いる

　これまでに、修飾手段として形容詞や副詞、前置詞の使用を紹介しました。ここでは新たな修飾手段として関係詞を学びます。関係詞節も修飾手段の一つです。形容詞や前置詞とは異なり、関係詞節は文で名詞を修飾します。関係詞節の扱いを学ぶことは、修飾の引き出しを増やすことに他なりません。また、文で文中の語句を修飾するわけですから、関係詞節を含む文も複文です。

una casa grande　'*a big house*'

una casa en la ciudad　'*a house in the city*'

una casa que construimos　'*a house that we build*'

que

　英語の *that* が従属節を作る一方、関係代名詞として用いられるのと同様に、スペイン語の que も関係代名詞として用いられます。この que は関係代名詞 *that, which, who* を兼ねる極めて使用頻度の高いものです。

La chica que habla tres idiomas es Paula.

Los pasajeros que llevan maletas grandes tienen que pagar más.

Aquellos peloteros prefieren la guasacaca, que es un plato típico de Venezuela.

10.3. 疑問詞を含む疑問文を目的語にする

　疑問詞には接続詞としての機能があるので、疑問詞を含む疑問文を一部の他動詞の目的語とすることができます。例えば、一つ目の例文の動詞は sé でその目的語は dónde viven ellos です。これもまた複文の一種です。

No sé dónde viven ellos.
No sé de dónde viene José María.
Tienes que explicar quién es el culpable.
Cuando no sabemos qué queremos hacer, no hacemos nada.

10.4. まとめ

　本章では様々な型の複文を学びました。その形成に用いられる接続詞や関係詞、それらの意味・機能は千差万別ですが、つまるところ、**いずれも、二つの文を一つの文にまとめる接着剤のような働きをしている**という点では共通しています。この点を踏まえたうえで、それぞれの使い方を身につけ、表現の幅を広げましょう。

✔ Ejercicio

1 複文を完成させましょう。

1) (　　　　　　　　　) (　　　　　　　　) ella no viene. 彼女は来ないようだ。

2) ¿(　　　　　　　　　) (　　　　　　　　) vamos en tren? 電車で行くって知ってる？（tú）

3) No (　　　　) (　　　　) él viene o no. 彼が来るか来ないか分からない。（yo）

4) (　　　　　　　　) llueve mucho, no vengo. 大雨なら来ない。

5) (　　　　　　　　) hace buen tiempo, salimos. 天気が良い時は出掛ける。

6) (　　　　　　　　) hace mal tiempo, vamos a salir. 天気が悪いけど出掛けよう。

7) No sabemos (　　　　　　　) llegamos. いつ着くか分からない。

8) No sabemos (　　　　　　　) está Miguel. ミゲルがどこにいるか知らない。

2 creer, pensar, parecer, ver, decir と接続詞 que を組み合わせて作文しましょう。

1) この課題は難しいと思う。（yo）

2) 試験は簡単だそうだ。

3) 君は暑そうだね。（yo）

4) 明日は寒いようだ。

3 作文しましょう。

1) 英語を学ぶ私たちの学生たちはロンドンへ旅行するつもりだ。

2) カルロスが何をしたいかご存じですか？（ustedes）

3) 君たちは日本に住んでいるけれど、スペイン語がとてもよくできる。

4) 雨が降るのか降らないのか知りたい。（yo）

Vocabulario

tarea, difícil, el examen, fácil, tener calor, hacer frío, aprender, inglés, viajar, Londres, querer hacer, vivir, saber, muy bien, llover

11 目的格代名詞・gustar 型動詞

> 本章では英語の *me, you, him, us, them* に相当する目的格代名詞の種類と使い方、そして間接目的格代名詞を必ず伴う gustar 型動詞について学びます。

11.1. 目的格代名詞

まず、**スペイン語は目的語を極めて省略しづらい言語である**ことを覚えておいてください。日本語は「ここで（君を）待ってる」「本当のことを（私に）言ってくれないね」「（君のことが）好きだよ」という風に、目的語の対象が自明である場合、代名詞は通常省略されます。そのため、日本語話者はスペイン語を話す際にも目的格代名詞を忘れがちです。しかし**スペイン語の場合、目的語を几帳面に必ず表現する**、と意識することが重要です。

スペイン語の目的格代名詞を使いこなすには、目的語と一口に言っても**直接目的格（概ね日本語の「～を」）**と**間接目的格（概ね日本語の「～に」）**の二種類が存在することを理解することが必要です。

特に、三人称では直接目的格と間接目的格の形が異なります。また、目的格代名詞は無強勢であることにも注意しましょう。

直接目的格		間接目的格	
me	私を	me	私に
te	君を	te	君に
lo la lo	彼・貴方・それを 彼女・貴女・それを そのことを（中性）	le	彼・彼女・あなた・それに
nos	私たちを	nos	私たちに
os	君たちを	os	君たちに
los las	彼ら・貴方たち・それらを 彼女ら・貴女たち・それらを	les	彼ら・彼女ら・あなたたち・それらに

目的格代名詞の語順や使い方には、英語や日本語とは異なるルールがあります。

1. 活用した動詞の直前が基本の位置 【代名詞＋活用形】

Te quiero mucho. （×Quiero te mucho.）
No me decís la verdad. （×No decís me la verdad.）
¿Cuánto os tengo que pagar? – No lo sé, lo sabe María.

2. 動詞句が不定詞を含む場合にはその語末に直結させてもよい

Puedo decirte la verdad. = Te puedo decir la verdad.
Voy a regalaros una novela interesante. = Os voy a regalar una novela interesante.

3. 間接目的格代名詞は【a＋名詞（句）】と言い換えられ、同一文内で両方が置かれることが多々ある（二重目的語構文）

Le decimos la verdad. = Le decimos la verdad a María.
Queremos regalarle a Aitana un ramo de flores.
▶特に三人称の代名詞の場合、指し示す対象を明らかにするため二重目的語構文となることが多い

A mí me preocupan más los niños que sufren de hambre.
▶一・二人称の代名詞は指し示す対象が自明だが、強調目的で二重目的語構文をとることも多い

4. 一つの文で間接・直接両目的格代名詞を使用する際（SVOO 構文）は、必ず【間接＋直接】の順に置く

¿Me lo enseñas? （×¿Lo me enseñas?）
¿Me regaláis esa novela? – Sí, te la regalamos.
¿Puedes enseñármelo? （×¿Puedes enseñárlome?）
¿Puedes regalarme esa novela? – Sí, podemos regalártela.

5. SVOO 構文で用いられる目的格代名詞が両方三人称の場合、間接目的格の代名詞は se となる

¿Dices la verdad a tus padres? – No, no se la digo. （×No, no les la digo.）
¿Vas a regalarle flores a Amaia? – Sí, voy a regalárselas. （×Sí, voy a regalárlelas.）
◆SVOO 構文（○に△を□する）で用いられることの多い動詞：
　dar, decir, contar, ofrecer, regalar, presentar, enseñar, etc.

11.2. gustar および同種の動詞

　gustar という動詞は意味的に英語の *like* に相当しますが、その使い方は大きく異なります。例えば、*I like music.*「私は音楽が好き」はスペイン語では Me gusta la música. といいます。主語が「私」だから yo となりそうなものですが、なぜか目的格の me という形になっています。そして、動詞も gustar の一人称単数形 gusto になりそうなものですが、gusta と三人称単数形です。日本語や英語の話者からすると奇異に見えます。

　gustar という動詞を使いこなすには、以下の三つのルールを必ず守るようにします。

1. **好かれる人・物が主語となる（⇒gustar 活用形）**
2. **好きになる人は間接目的格代名詞で表す（省略不可）**
3. **主語は gustar の後ろに置く（普通名詞には定冠詞等を忘れないように）**

Me gusta la música. がこのいずれのルールにも違反していないことを確認してください。

　また、gustar 型動詞には間接目的格代名詞が必ず用いられる文なので、二重目的語構文にすることも可能です:

A mí me gusta la música.　▶前置詞の後ろの yo/tú は mí/ti となる：3章

Me gustan los perros.
¿Te gusta la comida turca? – Sí, me gusta mucho. / No, no me gusta nada.
(A Jorge) Le gusta conseguir muchos "me gusta" en Instagram.
Nos gusta cantar y bailar.　▶不定詞は複数でも単数扱い（×Nos gustan cantar y bailar.）
(A ustedes) Les gustan las frutas.

　スペイン語には gustar と同じような使い方をする (複合) 動詞が数多くあります。

encantar　: A mí me encanta *La Casa de Papel*.　▶gustar よりも好きの度合いが高い
doler　　: Me duele mucho la cabeza.　▶語幹母音変化動詞（o > ue）
interesar　: Me interesan las obras de Elísabet Benavent.
parecer　: Me parece que es una buena idea.
apetecer　: A mí no me apetece ir a la fiesta.
hacer falta: Me hace falta una vida armónica.
dar＋感情を表す名詞: A mí me da mucha rabia/vergüenza su comportamiento.

✓ Ejercicio

1 目的格代名詞を入れましょう。

1) ¿(　　　　) ayudas? – Sí, te ayudo.

2) ¿Nos decís la verdad? – Sí, (　　　　) (　　　　) decimos.

3) ¿Le das este regalo a Roberto ahora? – No, (　　　　) (　　　　) doy mañana.

4) ¿Dónde están María y Eduardo? (　　　　) busco una hora.

5) A mis padres les quiero regalar unas flores. (　　　　) (　　　　) compro esta tarde.

2「　」内の日本語をスペイン語にしましょう。目的格代名詞を必ず用いること。

1) ¿Eres de España?「私たちにスペイン語を教えてくれる？」

2) Quiero un ordenador.「父が買ってくれる」

3) Tengo una tarea.「今日するつもり」

4) Pedro no puede venir mañana.「彼女にそのことを言わなきゃ」(nosotros)

3 gustar 型動詞の文を完成させましょう。

1) (　　　　) (　　　　　　　　　　) el español. 私はスペイン語が好き。

2) A mi madre (　　　　) (　　　　　　　　　　) mucho los gatos. 母は猫が大好き。

3) ¿(　　　　) (　　　　　　　　　　) la cabeza? 君は頭が痛いの？

4) (　　　　) (　　　　　　　　　　) los museos de arte. 私たちは美術館に興味がある。

4 gustar 型動詞を用いて作文しましょう。

1) 多くの日本人はお風呂に入るのが好きだ。

2) 君は紅茶が大好きだけど、私はコーヒーを飲みたい気分だ。

3) 君は彼の小説をどう思う？　－私は好き。

Vocabulario

enseñar, comprar, hacer, decir, japoneses, bañarse, el té, un café, qué, novelas

Capítulo

12 | 再帰動詞

英語の *myself, yourself...* のような、「自分自身を/に」という意味の代名詞を**再帰代名詞**、再帰代名詞を伴う動詞を**再帰動詞**といいます。スペイン語の再帰動詞は高度に発展していて、「自分自身を/に ～する」という意味以外の用法も多く持ちます。

12.1. 再帰代名詞

スペイン語の再帰代名詞は以下の通りです。**再帰代名詞は目的格代名詞の一種**なので、活用した動詞の直前、または不定詞の直後に置きます。さらに、三人称のもの以外は前章で見た目的格代名詞と同形です。

再帰代名詞	
me	私自身を/に
te	君自身を/に
se	彼・彼女・あなた・それ自身を/に
nos	私たち自身を/に
os	君たち自身を/に
se	彼ら・彼女ら・あなたたち・それら自身を/に

levantarse
me levanto
te levantas
se levanta
nos levantamos
os levantáis
se levantan

12.2. 「自分自身を/に」

以下の用法は再帰代名詞が「自分自身」という意味を保持しているものです。

Siempre te miras en el espejo.

Siempre quieres mirarte en el espejo.

¿Cómo te llamas? – Me llamo Ignacio.

Me pregunto si me quieres.

主語が複数形の場合「互いに～する」となる場合があります。

Nos escribimos.

¿Podemos tutearnos?

以下の例文にあるように、スペイン語では身繕いの表現（体を洗う、服を着る等）は再帰代名詞を用います。自分自身の身体に何かしらの働きをしているためです。

Cuando vuelvo a casa, me lavo las manos. （× Me lavo mis manos.）
Cuando hace frío, tenéis que poneros los guantes.

12.3. 他動詞を自動詞に

　スペイン語は日本語話者からすれば、数多くの他動詞を持つ一方、自動詞をほとんど持たない言語です。例えば、「起こす・上げる」という意味の他動詞 levantar は存在しますが、**「起きる」という意味の自動詞が存在しません**。しかし、実際には「私は毎朝早起きする」ということを表現する必要があります。そこで、再帰代名詞が用いられるのです。上記の文はスペイン語では以下のように表されます。

Me levanto temprano cada mañana.

　直訳すると、「私は毎朝、早くに私自身を起こす」となります、「自分自身を起こす」という表現で「起きる」という動作を表現しているわけです。このことをさらに一般化して言えば、**再帰代名詞には他動詞を自動詞に変換する機能がある**、ということになります。以下の代表的なケースを把握しておきましょう。

acercar 近づける > **acercarse** 近づく : Nos acercamos a tu casa a las 18:00.
basar 〜に根拠を置く > **basarse** 基づく : Esta historia se basa en hechos reales.
romper 壊す > **romperse** 壊れる : Ese juguete se rompe muy fácilmente.
acostar 寝かせる > **acostarse** 寝る/横になる : Los niños buenos se acuestan temprano.
sentar 座らせる > **sentarse** 座る : Vamos a sentarnos en aquella mesa.
situar 配置する > **situarse** 位置する : Gijón se sitúa en la zona central de Asturias.

覚えておきたい身近な再帰動詞（句）

despertarse (e>ie), levantarse, acostarse (o>ue), ponerse (-go) la gorra, quitarse los zapatos, vestirse (e>i), lavarse la cara, limpiarse los dientes, bañarse, ducharse, peinarse, afeitarse, secarse el pelo, cortarse las uñas, romperse el brazo, fracturarse la pierna

12.4. 受け身文

　levantar「起こす」に再帰代名詞をつけると levantarse「起きる」というように**自動詞化**することから、**再帰代名詞の根源的な働きは他動性を低下させること**といえるでしょう。他動詞の他動性が下がると自動詞となる、と考えます。そしてここで重要なのは、自動詞よりもさらに**他動性の低い動詞表現に、受け身文「～される」がある**という事実です。動詞によっては再帰動詞が付加されることで、意味が受け身になるレベルまで他動性が低下します。つまり、再帰代名詞には動詞を受け身化（再帰受動）する機能があるということです。この再帰受動は頻出の用法ですが、主語が事物の場合にしか使えません。活用形は必ず三人称となります。

En este restaurante se sirven platos típicos de la región.
Se alquila el piso en la Avenida de América.

12.5. 強意用法

　再帰代名詞には「自分自身」という意味のない用法も存在します。動詞につくことで、その意味を少し、場合によっては劇的に変えます。特に、irse は全再帰動詞の中で、飛びぬけて高い頻度で用いられますので必ず覚えましょう。日本語の「～してしまう」と似ています。

ir 行く > **irse** 立ち去る : Ahora nos vamos.
marchar 行進する > **marcharse** 立ち去る : Quiero marcharme ya.
comer 食べる > **comerse** 食べてしまう : Nuestro niño se come todos los bocadillos.
beber 飲む > **beberse** 飲んでしまう : ¡Vamos a bebernos toda la botella!
morir 死ぬ > **morirse** 死んでしまう : Me muero de calor.
llevar 運ぶ > **llevarse** 連れ去る、持ち去る : Mi perro siempre se lleva mis zapatillas.
dormir 眠る > **dormirse** 眠ってしまう : A veces me duermo en el aula.

12.6. 一般論

　主語を置かずに【se＋動詞の三人称単数形】とすることで一般論を表せます。
En Argentina se come muy bien.
¿Cómo se dice *saiki-daimeishi* en español?
Se considera que es muy saludable tomar un vaso de agua antes de acostarse.
Se tarda unos treinta minutos desde aquí hasta el campus.
Aquí no se puede fumar.
¿Cómo se va a la estación?

✔ Ejercicio

1 再帰動詞の文を完成させましょう。

1) ¿A qué hora te levantas? – (　　　) (　　　　　　　　　　) a las siete.

2) ¿(　　　) acostáis temprano? – Él sí, pero yo (　　　) (　　　　　　　　) tarde.

3) ¿Qué camiseta (　　　) pones? – Me (　　　　　　) esta.

4) ¿(　　　) (　　　) usted? – Sí, ya me voy.

2 2〜4単語のスペイン語にしましょう。

1) いつも助け合う。(nosotros)

2) ここに座る？（tú）

3) シャワーを浴びたい。(yo)

4) 時計を外す。(él)

5) 眼鏡が壊れる。

6) 立ち入りできません。

3 作文しましょう。

1) 君の子供たちは何時に目を覚ますの？

2) 君たち手を洗わないの？

3) 寝る前に歯を磨く。(yo)

4) 4時にここを出て行かなければならない。(yo)

5) その本はもう売られていない。

6) 飛行機で東京からマドリッドまでどのくらい掛かる？

Vocabulario

ayudarse, el reloj, las gafas, poderse, entrar, hijos, las manos, los dientes, antes de, ya, venderse, tardarse, en avión

13

動詞の脱意味化用法

スペイン語で書かれた文書のおよそ 75 ％は最頻の 1,000 語程度で構成されています。この語数で表現の大部分をカバーできるのは最頻出の語に多数の語義・用法があるからに他なりません。そのため知っている単語の数を増やすことと同様に、最頻語の複数の語義・用法を学ぶことも重要です。本章では多くの最頻出動詞が共通して持つ脱意味化用法について学び、表現力・語彙の拡張を目指します。

　自然言語では、使用頻度の高い他動詞に英語の **do** のような用法、自動詞に **be/become** にあたる用法が備わるということが多々起こります。例えば日本語の「遣る」という動詞の本来の意味は「人や物をどこかへ送る」というものですが、「宿題をやる」「いつやるの？」等、do のような用法も併せ持ちます。英語の *take* 等も同様で、*take a walk* と言う際、本来の「とる」という意味は失われています。**本来の意味が失われ、助動詞のように機能することから、こうした用法を総称して脱意味化用法といいます。**

13.1. 「する」的な他動詞

　スペイン語で「する」や *do* にあたる動詞と言えば hacer ですが、それ以外に、dar, tomar, tener, realizar といった動詞がこの用法を持ちます。それぞれ同義というわけではなく、組み合わせる目的語が異なります。以下に挙げるものはコロケーションになっているので、【動詞＋目的語】という句単位で覚えるのがよいでしょう。

hacer

Esta película no **hace referencia** al tema político.
Creo que aquellos chicos **hacen cosas** buenas.
Desde pequeño **hago uso de** los plásticos.
Cuando el usuario **hace clic** sobre un botón, se abre una página web en otra ventana.
Ese estudiante siempre nos **hace** buenas **preguntas**.

realizar　＊英語の *realize* とは異なり「気付く」という意味で用いられることは北米以外では稀

Realizamos estudios científicos.
Vamos a **realizar** un gran **trabajo**.
En Salamanca podéis **realizar** muchas **actividades** culturales.

dar 典型的には移動や情報の伝達を表す名詞を目的語とする

No debemos **dar** un **paso** hacia atrás.

Esta tarde voy a **dar** una **vuelta** por esta ciudad.

Tienes que **dar**nos la **respuesta** cuanto antes.

tomar 典型的には決心や対策を表す名詞を目的語とする

No hay que **tomar decisiones** importantes después de beber.

Necesitamos **tomar medidas** necesarias para minimizar el peligro.

tener 状態や体験の有無を表す

Tenéis miedo al examen.

¿**Tienes** alguna **duda**?

Nuestro profesor **tiene** profundo **conocimiento** de literatura.

13.2. estar 的な用法を持つ自動詞

　他動詞が脱意味化すると *do* に近づくように、一部の自動詞は estar に接近します。つまり、補語（形容詞・前置詞句・過去分詞等）をとり、SVC という構文で用いられます。この点を念頭に置いておくと、理解の精度とスピードが上がります。状態を表す際に、適宜、こうした自動詞を estar と併用していくことで、より自然なスペイン語になるでしょう。

ir

No hace falta ser rico para **ir elegante**. （×優雅に行く ○優雅でいる）

Mis clases **van dirigidas a** cualquier persona.　▶dirigido a 「〜向けの」

En esta atracción los niños deben **ir acompañados de** un adulto.

encontrarse

Ahora **me encuentro mal**.

Cuando **me encuentro en momentos difíciles**, la Virgen María me ayuda.

El medicamento no **se encuentra disponible** en esta farmacia.

quedar

Después de la explicación del profesor todo **quedó claro**.

salir

Lo barato **sale caro**.

13.3. 「なる」的な自動詞

　英語では「～になる」という変化を表す動詞として *become* がありますが、スペイン語にはこの点に特化した動詞は存在しません。変化を表すのは以下の動詞の脱意味化用法です。

> **hacerse**　名詞・形容詞（相当の句）を補語とする

No **me hago responsable** de este trabajo.
Quiero **hacerme amigo** de ese señor.

> **ponerse**　状態を表す形容詞（相当の句）を補語とする

Se pone nerviosa cuando habla en público.
Al final los clientes **se ponen muy contentos**.

> **volverse**　状態を表す形容詞（相当の句）を補語とする　▶loco が突出

Me vuelvo loca cuando te veo.

13.4. まとめ―一つの動詞に複数の機能

　本章では脱意味化した他動詞・自動詞の用法を学びました。それぞれの動詞に、共起することの多い特徴的な目的語や補語が存在します。それらをプロトタイプとして理解することも重要ですが、現時点では、よく使う動詞には本来の意味のほかに、こうした助動詞としての用法があるということを認識することが何よりも大事です。

　つまり、実際のスペイン語を聞いたり読んだりしていると、「ir がどう考えても"行く"という意味になっていない」ということが多々あります：Hoy vas muy guapo.

　そうした時に、その ir が脱意味化しているのではないか、という可能性を思いつけるかが重要です。

✅ Ejercicio

1 次の動詞を用いて文を完成させましょう：**encontrarse, hacer, ir, ponerse, tener**

1) Hay que（　　　　　　　）cuidado. 気をつけなければ。

2) ¿（　　　）（　　　　　　　　　）bien? 大丈夫？（tú）

3) （　　　）（　　　　　　　　　）tristes. 悲しくなる。（ellos）

4) Quiero（　　　　　　　　）unas preguntas. 君に質問したい。

5) ¿Cómo（　　　　）va el proyecto? – Me（　　　　　　　　）muy bien.

　　プロジェクトはどう？－とてもうまく行ってる。

2 次の動詞を用いて作文しましょう：**dar, hacer, hacerse, quedar, realizar, tener, tomar**

1) 研究者たちはいくつかの面白いプログラムを実施している。

2) 今週末は中心街を一周する。（yo）

3) 将来は警察官になる。（yo）

4) 政府は緊急対策をとる。

5) いつスポーツする？（tú）

6) 怖くはないが、疑問がたくさんある。（nosotros）

7) 彼の意図は明らかだ。

Vocabulario

los investigadores, programa, interesante, fin de semana, el centro, en el futuro, policía, el gobierno, medidas urgentes, deporte, miedo, dudas, intención

14 命令法・現在分詞

これまでに動詞の直説法現在形の活用と不定詞の扱いを学んできました。本章では動詞の命令形と現在分詞の作り方と用途について学びます。

14.1. 命令法 ①

英語では動詞の原形がそのまま命令形として使用できますが、スペイン語では命令する相手に応じて形が変わります。本章では二人称への肯定命令の作り方を学びます。

tú に対する命令

基本的に、**直説法現在形・三人称単数の形**が tú に対する命令形となります。

Habla más alto.

Levanta la mano.

Vuelve a casa hasta las seis.

以下は命令形が不規則な動詞です。

ser: **sé**	ir: **ve**	hacer: **haz**	tener: **ten**
decir: **di**	poner: **pon**	salir: **sal**	venir: **ven**

vosotros に対する命令

不定詞の語末の r を d に変えると vosotros への命令形になります。不規則形はありません。

Hablad más claramente.

Haced la tarea antes de acostaros.

Tened mucho cuidado.

目的格代名詞や再帰代名詞は、肯定命令の後ろに**必ず直結させます**。この際、アクセント記号を打つ必要が生じることもあるので注意しましょう。

Levántate a las siete.（×Te levanta a las siete.）

¡Vete de aquí!

Decidme que me queréis.

No quiero darte esta tarta. – ¡Dámela!

命令形・補足

「命令」形というと、どこか高圧的に感じられるかもしれませんが、スペイン語の命令形は、文脈や声のトーンによっては「〜して」、「〜してください」というように、ソフトな依頼というニュアンスで用いられます。したがって、人に何かをお願いしたい時には気兼ねなく使って構いません。por favor '*please*' をつければ、さらに丁寧になります。

Ven aquí.
Tráeme más pan, por favor.
Porfa, ¡ayúdame!

また、本章で学んだのは、tú, vosotros に対する肯定命令です。usted (es) や nosotros に対する命令形、ならびに否定命令形「〜するな」は 25 章で学びます。

14.2. 現在分詞の作り方

動詞の副詞形を現在分詞といいます。不定詞の語尾を **-ar > -ando, -er/-ir > -iendo** に変えることで形成できます。

  hablar > hablando   comer > comiendo   vivir > viviendo

ただし、以下の動詞は不規則な形をとります。

● **母音+-er/-ir 動詞の語尾は -yendo**

  ir > yendo   leer > leyendo   oír > oyendo   incluir > incluyendo

● **語幹母音変化をする -ir 動詞**

  decir > diciendo   pedir > pidiendo   seguir > siguiendo

  venir > viniendo   dormir > durmiendo   morir > muriendo

14.3. 現在分詞の用法

　現在分詞は動詞の副詞形なので、活用した動詞を修飾します。この場合、日本語の「〜ながら」に相当します。

Hago los deberes hablando con mis amigos.
Quiero dormir soñando contigo.
Ven corriendo.

　現在分詞を文頭に置いた場合、状況や条件、時、理由を表します（分詞構文）。
Bailando, me divierto mucho.
Estrictamente hablando, la sandía no es fruta.

　【estar＋現在分詞】で進行形となります。
El criminal no está diciendo la verdad.
Os estáis esforzando mucho.
Estamos rompiendo la discoteca.

　一部の自動詞は estar に近い用法を持ちます。よって、こうした動詞と現在分詞の組み合わせも進行形を作ります。▶13章

Voy caminando por la vida.
Nuestras hijas van creciendo mucho.
Nos encontramos realizando un ejercicio muy intenso.
Tienes que seguir siendo fiel.　▶seguir＋現在分詞「〜し続ける」

　目的格代名詞・再帰代名詞は現在分詞の後ろに直結させることが可能です。

Lo estoy diciendo. = Estoy diciéndolo.
Teniéndolo en cuenta, no debemos comprar ese aparato.
Amándonos, nuestras vidas serán más felices.

　このように、現在分詞は英語の *-ing* 形に近いものですが、英語とは異なり、名詞や形容詞としては使えません。

Caminar es importante. （×Caminando es importante.） *'Walking is important.'*
Mira el gato que está durmiendo. （×Mira el gato durmiendo.） *'Look at the sleeping cat.'*

✔️ Ejercicio

1 **tú** に対する肯定命令を作りましょう。下線部は代名詞に言い換えること。

1) escribir

2) comer

3) pensar

4) tener cuidado

5) acostarse

6) ponerse

7) hacer <u>deporte</u>

8) darle <u>unos regalos</u> a Felipe

2 「　」内の日本語をスペイン語にしましょう。

1) Ya es tarde. 「今すぐ帰ってきなさい」（vosotros）

2) Las ventanas están cerradas. 「開けて」（vosotros）

3) ¿Adónde vas? 「それを私に言って」（tú）

4) Hay muchas cosas que hacer. 「私たちを手伝ってください」（vosotros）

5) Ya empieza el partido. 「来て。ここに座って」（tú）

3 現在分詞を用いて文を完成させましょう。

1) José（　　　　　　　）（　　　　　　　　　　　） una novela. 小説を読んでいる

2) Los gemelos（　　　　　　　）（　　　　　　　　　　　）. 眠り続けている

3) （　　　　　　　　　　） mucho, cancelamos el evento. 大雨なので

4) Vamos a comer（　　　　　　　　　） las noticias. ニュースを見ながら

4 作文しましょう。

1) 何してるの？（tú）　君を待っているんだよ。（nosotros）

2) ちょっと待って。（tú）　手を洗っているところ。（yo）

Vocabulario

volver, ahora mismo, abrir, decir, ayudar, venir, sentarse, leer, seguir, dormir, llover, ver, hacer, esperar un momento, lavarse las manos

26

15 過去分詞

現在分詞を動詞の副詞形とするなら、過去分詞は動詞の形容詞形といえます。本章では過去分詞の作り方と用法を学びます。

15.1. 過去分詞の作り方

過去分詞は -ar > -ado、-er/-ir > -ido と置き換えて作ります。

hablar > hablado   comer > comido   vivir > vivido

不規則形が数多く存在します。

hacer > hecho   decir > dicho   ver > visto

poner > puesto   volver > vuelto   romper > roto

abrir > abierto   escribir > escrito morir > muerto

15.2. 形容詞として用いる

過去分詞は動詞の形容詞形なので、通常の形容詞同様、名詞の後ろに置いて使います。そして修飾する名詞と性数の一致をします。**意味は他動詞なら「～された」、自動詞なら「～した、～し終えた」です。**

Tengo dos libros escritos en catalán.
Quiero una casa hecha de madera.
Es pan comido.
Los zombis son muertos vivientes.

15.3. 受動文を形成する

英語と同様に、【ser/estar＋過去分詞】で受動文となります。行為者は前置詞 por で表す点も英語と似ています。本動詞に ser を使うか estar を使うかで意味が異なるという点に注意しましょう。ただ、いずれにせよ、過去分詞は形容詞形ですので主語（動作を受ける人・物）の性数に一致します。

ser＋過去分詞　「〜される」という主語がなんらかの動作を受けることを表す

Raúl González es considerado el símbolo del Real Madrid.
La miel es creada por las abejas mezclando polen y néctar.
Quién-tú-sabes es respetado por unos y temido por otros.

estar＋過去分詞　「〜された状態/ままになっている」という受動の結果を表す

El sensor está conectado al ordenador.
Estás obligado a estudiar todos los días.
Este sistema está diseñado para ser utilizado en la clínica.

▶ser プロフィール / estar 一時的な状態：6章
▶再帰動詞の受け身文：12章

15.4. 現在完了形の活用

スペイン語では【haber 現在形＋過去分詞】により現在完了形が形成されます。haber は主語の人称と数に応じて活用します。かなり不規則な形なので注意をしましょう。また、haber と完了形を作る際の過去分詞は動詞の一部です。したがって、過去分詞の性数一致は起こりません。

hablar	comer	vivir
he hablado	**he** comido	**he** vivido
has hablado	**has** comido	**has** vivido
ha hablado	**ha** comido	**ha** vivido
hemos hablado	**hemos** comido	**hemos** vivido
habéis hablado	**habéis** comido	**habéis** vivido
han hablado	**han** comido	**han** vivido

▶haber の直説法現在形三人称単数には ha の他に hay がある：6章

15.5. 現在完了形の用法

「現在」に完了した出来事を表す

　現在完了は este を含む時を表す句や hoy, ahora といった副詞との相性が極めて良い時制です。逆に、**あくまでも現在時制である**ため、ayer「昨日」el otro día「先日」el año pasado「昨年」のような明確な過去時を表す句と併用することはできません。

Esta mañana he salido de casa a las cuatro.（×Ayer he salido de casa a las cuatro.）
No hemos comido paella **este** año.
Hoy no has hecho ejercicios todavía.
Me ha gustado mucho la nueva canción de Greicy.

「経験」を表す

　現在完了形を使うと「〜をしたことがある」という経験を表すことができます。併せて使われることの多い vez という語について以下の点を確認しておきましょう。これは一回、二回という時の「回」、英語なら *time* に相当する名詞です。また、女性名詞であり、z で終わる名詞なので複数形では c に変わります（▶2章）。そして、vez を含む名詞句は時を表す名詞句同様、副詞的に用いられるので前置詞は不要です。

¿Has visto *Valeria* alguna vez?　▶alguna vez *'ever'*
Hemos estado en Barcelona una vez.
He probado cachopo dos veces.
Nunca me has escuchado.

　また、現在完了形において「活用」しているのは haber であり、過去分詞ではないことを確認しましょう。動詞の活用をするということは、主語の人称・数・時制・法に関する情報を動詞に載せることであり、これに該当するのは haber です。hemos という形を見れば、主語は nosotros であり、現在の話をしていることはわかりますが、hablado だけを見ても主語や時制はわかりません。この点は、目的格代名詞や再帰代名詞と現在完了を併用する際に重要です。11 章で述べた通り、こうした代名詞は基本的に**活用した動詞の直前に置きます**。したがって、語順は以下のようになります。

【目的格/再帰代名詞＋haber 活用形＋過去分詞】
Ellos **me** han contado su secreto.（×Ellos han me contado su secreto.）
Les he entregado la tarea ahora.
Esta mañana Mariano no **se** ha levantado muy temprano.

✓ Ejercicio

1 過去分詞を適切な形で入れ、和訳しましょう。

1) unos ejercicios (preparar) para estudiantes

2) la ropa (usar)

3) mi coche (hacer) en Alemania

4) estas novelas (escribir) por un colombiano

2 受動文を完成させましょう。本動詞は **ser** または **estar** の現在形を用いること。

1) Los supermercados todavía (　　　　) (　　　　　　　　). まだ開いている

2) La escritora (　　　　) (　　　　　　　　) por todos. 皆に尊敬されている

3) Las obras de Gaudí (　　　　) muy (　　　　　　　). よく知られている

4) La puerta (　　　　) (　　　　　　　　) ahora. 今は閉まっている

5) Ese vaso (　　　　) (　　　　　　　). 割れている

3 現在完了形に活用させましょう。

1) estudiar (yo)　　　　　4) decirle (nosotros)

2) ponerse (tú)　　　　　5) leer (vosotros)

3) comprarlo (él)　　　　6) acostarse (ellos)

4 作文しましょう。

1) 今日は何した？ (tú) －映画を観た。

2) 子供たちはまだ家に帰っていない。

3) スペインに行ったことありますか。(tú)

4) 今週は雨が降らなかった。

Vocabulario

abrir, conocer, cerrar, romper, ver una película, todavía, semana

61

16 直説法点過去形

スペイン語にはいわゆる過去形が二種類あり、その内の一方を点過去形といいます。点過去とは発話時以前の時点で、ある出来事が成立したことを表す形式です。日本語に訳すと「〜した」となることが多いです。

16.1. 点過去形の活用

規則活用は -ar 動詞と -er/-ir 動詞の二パターンがあります。

➡ **-ar 動詞　　：-é, -aste, -ó, -amos, -asteis, -aron**
➡ **-er/-ir 動詞：-í, -iste, -ió, -imos, -isteis, -ieron**

hablar	comer	vivir
hablé	comí	viví
hablaste	comiste	viviste
habló	comió	vivió
hablamos	comimos	vivimos
hablasteis	comisteis	vivisteis
hablaron	comieron	vivieron

llegar	leer
llegué	leí
llegaste	leíste
llegó	**leyó**
llegamos	leímos
llegasteis	leísteis
llegaron	**leyeron**

cf. tocar, empezar, oír

現在形で語幹母音変化をする -ir 動詞は、点過去形でも語幹母音が変化します。ただし、三人称のみ不規則形となりそれ以外は規則通りです。

seguir	pedir	sentir	dormir
seguí	pedí	sentí	dormí
seguiste	pediste	sentiste	dormiste
siguió	**pidió**	**sintió**	**durmió**
seguimos	pedimos	sentimos	dormimos
seguisteis	pedisteis	sentisteis	dormisteis
siguieron	**pidieron**	**sintieron**	**durmieron**

cf. repetir, vestir, preferir, morir

また、一部の動詞は語幹が特殊な形をとり、さらに活用語尾も異なります。一人称・三人称単数において、語末にアクセントが来ないことに注意しましょう。

➡ **-e, -iste, -o, -imos, -isteis, -ieron**

例えばtener がこのタイプに該当し、**tuv-**という語幹になります: yo **tuve**, tú **tuv**iste, él **tuv**o...。このタイプの動詞は活用語尾が共通しているので、後は yo の活用形を覚えるだけで、他の人称の活用形を導き出せます。

tener	hacer	decir
tuve	hice	dije
tuviste	hiciste	dijiste
tuvo	**hizo**	dijo
tuvimos	hicimos	dijimos
tuvisteis	hicisteis	dijisteis
tuvieron	hicieron	**dijeron**

estar - **estuve**
haber - **hube**
poder - **pude**
poner - **puse**
saber - **supe**
querer - **quise**
venir - **vine**

ser, ir, dar, ver は上記いずれのパターンにも該当しません。

ser/ir	dar	ver
fui	di	vi
fuiste	diste	viste
fue	dio	vio
fuimos	dimos	vimos
fuisteis	disteis	visteis
fueron	dieron	vieron

16.2. 点過去形の用法

基本的に、日本語の「～した」という形式に対応すると考えて構いません。

Camila me regaló una canción muy bonita.
José Luis tomó dos cortados después de la comida.
Pienso que Elena ya hizo la tarea.
Parece que José María se comió ese pastel gigante.
Me fui de casa a las siete de la mañana.
Vuestra casa fue construida hace tres años.
¿Sabes si vino Jorge a clase?
Cuando hablé con ella por primera vez, me volví loco.

「点」過去、と言うと、「一瞬で終わった過去の出来事を表す形式」と考えるかもしれません。しかし、実際には、以下に示すように、<u>長い期間</u>の出来事も問題なく表せます。点過去とは、あくまでも「ある出来事が過去時に成立した」ことを表す形式であり、その長さとは無関係であることは覚えておいてください。

Ayer estudiamos 7 horas.
Cristiano Ronaldo vivió en Madrid nueve años.
La Guerra de los Cien Años duró 116 años.

16.3. 過去時を表す副詞および副詞相当表現

　点過去形はこれまでに学んだ時制とは異なり、過去時制です。そのため、現在形や現在完了形とは共起することのない、過去時を表す副詞や副詞相当の表現と共起します。以下に代表的なものをまとめておきます。

ayer *'yesterday'*　：Ayer encontré una cartera. La llevé a la policía.
antes *'before'*　：Como te dije antes, eso no es buena idea.
anoche *'last night'*：Mi novia me llamó anoche.
hace... *'...ago'*　：Hace dos semanas empecé a trabajar en una librería.

定冠詞＋時の名詞（句）＋**pasado**　*'last...'*
Fui a México el año pasado.
El mes pasado me contaron la verdad.
Comimos con Juana el viernes pasado.
　　　▶時を表す名詞句は副詞化するため前置詞不要

✓ Ejercicio

1 点過去形に活用させましょう。

1) aprender（yo）

2) querer（tú）

3) jugar（ellas）

4) estar（nosotros）

5) irse（usted）

6) dar（vosotros）

2 指定の表現を加えて点過去形の文に書き換えましょう。

1) Estos libros son escritos. ＋20年前に

2) Me acuesto tarde. ＋昨夜

3) Hace muy buen tiempo. ＋先週

4) Hay un accidente. ＋昨日

5) El pintor nace. ＋1881年に

3 作文しましょう。

1) 先月マドリッドに行った。午前中にバラハス空港に着いた。（yo）

2) イサベルは昨夜ドイツ語で書かれた記事を読んだ。

3) 先週の日曜日、両親は私に何も言わなかった。

4) 去年コスタリカを旅行した。（nosotros） 自然が気に入った。

5) あの日本人学生は6時間ピアノを弾き続けた。

6) 昨日は心理学を勉強した。今朝は経済学を勉強した。（yo）

Vocabulario

el aeropuerto de Barajas, la mañana, Isabel, un artículo, alemán, domingo, padres, no decir nada, viajar, Costa Rica, la naturaleza, seguir, tocar, Psicología, Economía

17 熟語

これまでに学んできた内容、文法はいわば文を作るための単語の並べ方に関するルールであったと言えます。本章ではより素早く、そして正確に複雑な表現をするために、特に使用頻度の高い熟語を学びます。**熟語は複数の語からなる単語**と定義できるでしょう。つまり、熟語は不可分の語の塊です。したがって、熟語の中に別の語を挟み込むことができない、等の特徴があります: *in front of (×in a/the front of)*。換言すると、英語話者は *in, front, of* を並べて *in front of* と言うのではなく、あらかじめ、*in front of* という塊を頭の中に入れているということです。

熟語を使いこなすことはより複雑かつ正確な表現を可能とするだけでなく、発話を円滑にします。熟語をはじめとする定型表現は *prefabricated expressions* とも呼ばれます。まさに、建築における「プレハブ」のように、母語話者はあらかじめ様々な熟語を頭の中に入れておき、必要に応じてそれらを組み合わせて文を作るためです。現場でレンガを一つずつ積み重ねるよりも、あらかじめ工場で作られたブロックを組み合わせるほうが、より早く、より正確に家を建てられるのに似ています。「語彙を拡張」したいのであれば、知っている単語の量を増やすことはもちろん有効ですが、こうした複数の語からなる語にも注意を払うことが重要です。

17.1. なぜ、熟語が必要なのか？

そもそも熟語はなんのために存在しているのでしょうか。巻頭の QR コードからアクセスできる「頻度順熟語リスト」はその理由の一端を示唆しています。つまり、使用頻度最上位の熟語の多くは前置詞や接続詞といった、独立性の低い、語と語をつなぐ役割をはたすものです。そして、英語と比べ、スペイン語は前置詞や接続詞の数が少ない言語です。したがって、熟語はスペイン語における機能語の不足を補うものといえるでしょう。換言すれば、熟語の知識不足は前置詞や接続詞を使いこなせないことになり、表現の幅が制限されることを意味します。また、ある語の塊が熟語であることを見抜けないことは、読解や聞き取りにおいても枷（かせ）となります。

17.2. 以降では使用頻度の高い熟語をタイプ別に豊富に紹介します。なお、これらの熟語については少しずつ学習し、まずは 18 章以降に進んでも問題ありません。

17.2. 前置詞として機能する熟語

以下の熟語は前置詞として機能します。いずれも、スペイン語における最頻の 1,000 語と同等以上の使用頻度で用いられますので覚えておきましょう。

a través de	: Realiza el pago a través de PayPal.
después de	: Dimos un paseo por el parque después de comer.
dentro de	: Voy a estar en España dentro de un mes.
antes de	: Haz los deberes antes de acostarte.
a partir de	: A partir de ahora, eres miembro de este equipo.
además de	: Además de Lola, también vino Valeria.
frente a	: Ganamos un partido frente a España.
gracias a	: Gracias a ti, estamos vivos.
junto a	: Siempre quiero estar junto a ti.
a pesar de	: A pesar de su entusiasmo, no puede cantar bien.
por parte de	: Este es un regalo por parte de mí.
cerca de	: Vivís cerca de la universidad.
en cuanto a	: El museo del jamón es ideal en cuanto a la relación calidad-precio.
fuera de	: No se puede comer fuera del comedor.
a lo largo de	: A lo largo de su vida, no ha salido fuera de Francia.
alrededor de	: Estamos alrededor de la casa.
acerca de	: Poco se sabe acerca de ese accidente.
junto con	: Tienes que entregar el documento junto con la identificación.
de acuerdo con	: De acuerdo con el experto, eso no es cierto.
en caso de	: En caso de duda, consúltame.
a la hora de	: A la hora de salir, siempre ocurren problemas.

17.3. 接続詞として機能する熟語

以下のものは接続詞として機能します。

para que	: Trabajo para que podáis estudiar. ▶25章
ya que	: Tienes que irte ahora ya que mañana es examen.
mientras que	: Elena ha llegado a tiempo mientras que ellos todavía no están aquí.
así que	: Este plato es un poco picante así que ten cuidado.
hasta que	: Hablé mucho con él hasta que falleció en 2019.
como si	: Mi marido habla como si fuera crítico. ▶26章
tal como	: Me gustas tal como eres.
así como	: Admiramos su inteligencia, así como su amabilidad.
por (lo) tanto	: Pienso, por lo tanto existo.

17.4. 談話標識として機能する熟語

日本語の「つまり」や「例えば」のように、話の流れを整える表現を談話標識といいます。スペイン語の最頻熟語の中には談話標識として機能するものも多くあります。

por ejemplo	: Por ejemplo, la paella es la comida típica de España.
sobre todo	: Sobre todo, la población de India es muy grande.
por eso	: Por eso, fuimos a la discoteca.
en general	: En general, los japoneses no comen mucho.
de nuevo	: De nuevo, ¡felicidades!
en realidad	: En realidad, aquella casa es la más cara.
por supuesto	: No tenemos mucho dinero, ¡por supuesto!
sin embargo	: Sin embargo, somos felices.
no obstante	: No obstante, necesitamos trabajar mucho.
es decir	: La comida estaba deliciosa, es decir, los platos estaban perfectamente preparados.
de hecho	: De hecho, no ha pasado nada peligroso aquí.

Ejercicio

1 本章で学習した熟語を用いて作文しましょう。

1) キャンパスの近くに大きな公園がある。

2) 君の助けのお陰で目標を達成した。（nosotros）

3) 雨にも関わらず間に合った。（yo）

4) 緊急の場合は112番に電話しなければならない。（tú）

5) ５分後に私に知らせて。（tú）

6) スペイン語に加えて、この国では他の言語も話されている。

7) 君たちがまだ資料を読んでいない一方で、私たちはもう関連記事を探している。

8) 建物の外で彼らと話すつもりだ。（yo）

9) もちろん、私はスペイン料理が大好きだ。

10) 例えば、チュッパチャップスはスペインで生まれた。

11) 今日は遅く起きた。だから、君の家に走って来るよ。（yo）

12) とりわけ、このシリーズは世界でとても人気だ。

13) 水をたくさん飲みなさい、今日はとても暑いんだから。（tú）

Vocabulario

parque, campus, ayuda, conseguir el objetivo, lluvia, llegar a tiempo, emergencia, llamar al 112, avisar, minutos, hablarse, otros idiomas, país, leer, documentos, buscar, artículos, relacionado, edificio, comida, el Chupa Chups, nacer, levantarse tarde, venir, correr, serie, popular, el mundo, beber, hacer mucho calor

18 直説法線過去形

線過去形とはスペイン語におけるもう一つの過去形です。こちらは、**ある過去の時点において、遂行中、未成立だった出来事を表します**。このことから、「〜していた」「〜している途中」「〜だった」等の形式に相当すると理解しておくとよいでしょう。

18.1. 線過去形の活用

点過去に比べて線過去の活用はかなりシンプルです。活用語尾は以下の通りです。

➡ **-ar 動詞**　　：**-aba, -abas, -aba, -ábamos, -abais, -aban**

➡ **-er/-ir 動詞**：**-ía, -ías, -ía, -íamos, -íais, -ían**

hablar	comer	vivir
habl**aba**	com**ía**	viv**ía**
habl**abas**	com**ías**	viv**ías**
habl**aba**	com**ía**	viv**ía**
habl**ábamos**	com**íamos**	viv**íamos**
habl**abais**	com**íais**	viv**íais**
habl**aban**	com**ían**	viv**ían**

不規則形も少なく、ser, ir, ver（およびその派生動詞 ej. prever）の三種のみです。

ser	ir	ver
era	iba	veía
eras	ibas	veías
era	iba	veía
éramos	**í**bamos	veíamos
erais	ibais	veíais
eran	iban	veían

18.2. 線過去形の用法

②
16

「〜していた」「〜だった」

　線過去形の代表的な用法です。もう一方の過去形である点過去形は「〜した」という過去に完了した出来事を表す形式だったことと併せて覚えておきましょう。

Cuando me visitasteis, escuchaba la nueva canción de Rosalía.
¿No estabas en el aula entonces?
En aquella fiesta yo bebía mucho mientras que ellos bailaban apasionadamente.
¡Ya lo sabía!
En la ceremonia María Carmen iba muy elegante.
Ayer, me moría de sed ya que hacía mucho calor.

「〜しつつあった」「〜ちょうどするところだった」

　線過去形は過去にまだ終わっていなかった出来事を表します。そのため、文脈によってはこうしたニュアンスになることがあります。

¿Ya has limpiado tu cuarto? – ¡Iba a hacerlo!
En ese momento, el tren salía de la estación.

過去の習慣

　「〜したものだった」という過去の習慣を表すことも線過去形の重要な用法です。過去の習慣とは**過去に継続して行っていた動作**ですので線過去形によって表されるわけです。過去の完了した動作を表す点過去形は習慣を表すことができません。

Ana María trabajaba en Movistar de joven.
Cuando tenía 18 años, no me gustaba mucho el jamón.
Cuando éramos niños, jugábamos al pádel.
Sé que Pepita me traicionaba antes.

間接話法

Me dijiste que eras de Perú y vivías en Ecuador.
　　　cf. Me dijiste: – Soy de Perú y vivo en Ecuador.（直接話法）

▶線過去形は「過去の未完了」を表す時制：19章

18.3. 過去完了形の活用

現在完了形は haber の現在形と過去分詞で形成されました。haber を線過去形にして【haber 線過去形＋過去分詞】とすると過去完了形となります。

hablar	comer	vivir
había hablado	**había** comido	**había** vivido
habías hablado	**habías** comido	**habías** vivido
había hablado	**había** comido	**había** vivido
habíamos hablado	**habíamos** comido	**habíamos** vivido
habíais hablado	**habíais** comido	**habíais** vivido
habían hablado	**habían** comido	**habían** vivido

18.4. 過去完了形の用法

過去完了形は、**過去の特定の時点よりもさらに過去の時点で動作・出来事が完了したことを表す形式**です。「過去の過去」や「大過去」と説明されることが多いのはこのためです。換言すれば、過去完了形が使用される際には、必ず特定の過去時（過去 1）が前提となっており、過去完了はそれよりも前の時点（過去 2）について言及します。この時間差を意識しましょう。

<u>Cuando llegasteis</u>, ya nos <u>habíamos ido</u> de la fiesta.

    過去 1   過去 2

En aquel año, ya había conocido a Antonio.

Antes de venir aquí, no habían comido.

No había escuchado a Melendi hasta que visité Asturias.

David me dijo que no había hecho nada.

      cf. David me dijo: – No hice nada.

過去の過去における出来事は全て過去完了で表す、というわけではありません。過去完了が表すのはあくまで、「過去 2 において完了した出来事」です。**「過去 2 において未完了だった出来事」は線過去**で表します。

Ricardo y Pepe nos dijeron que vivían y trabajaban en México entonces.

      cf. Ricardo y Pepe nos dijeron: – Vivíamos y trabajábamos en México entonces.

El otro día empecé a ir al gimnasio. Hasta entonces no me gustaba hacer ejercicio.

Antes viajábamos al extranjero cada verano, pero el año pasado no salimos del país.

Ayer yo estaba enfermo y mi esposa lo estaba anteayer.

 Ejercicio

1 指定の表現を加えて線過去形の文に書き換えましょう。

1) No me gustan las verduras. ＋若い時

2) Mis hijos se acuestan a las ocho. ＋子供の頃

3) Vivo en Kioto. ＋13歳だった時

4) Vamos en tren. ＋毎日

2 線過去形または過去完了形に活用させましょう。

1)（Ser）las diez de la mañana cuando llegué al campus.

2) ¿De niño,（jugar, tú）al fútbol?

3) Hasta entonces, no（estar, yo）en Europa nunca.

4) Cuando me levanté, mis padres ya（salir）y no（haber）nadie en casa.

5) Siempre（despertarse, yo）a las cinco y（leer）libros antes de desayunar.

6) ¿Cómo（aprender）inglés cuando erais estudiantes?

7) Antes de empezar a trabajar aquí, José y yo ya（casarse）.

3 作文しましょう。

1) 雨だったので昨日は家にいた。（yo）

2) 私に何を言おうとしていたの？（tú）

3) 君はあの日携帯を買ったと私に言った。

4) 君はいつもあの店で靴を買うと私に言った。

Vocabulario

todos los días, quedarse, porque, comprar, un móvil, aquel día, zapatos, tienda

73

19 | 時制の体系

これまでに、五種類の時制形式について学んできました。現段階では、それぞれの使い分けに自信のない人が大半ではないでしょうか。一つ一つの形式について、活用を習得し、用法を理解・実践することはもちろん重要ですが、同様に、これらの形式が全体としてどのような体系を成しているのかを理解することも重要です。特に、日本語はスペイン語に比べて、過去や完了を表す動詞の形式がシンプルです。それ故に、日本語母語話者がスペイン語の複雑な時制を使い分けるには上述の俯瞰の視点が不可欠です。特に、困難な線過去と点過去の理解にも役立ちます。

19.1. 時点と未完了/完了のマトリックス

スペイン語の各時制は「**いつの時点**（現在・過去・過去の過去）を表しているのか」、そして、「**未完了、完了**どちらの事態を表しているのか」という二つの観点から分類できます。つまり、以下のようにまとめられます。

	未完了		完了	
現在	現在形	hablo	現在完了形	he hablado
過去	線過去形	hablaba	点過去形	hablé
過去の過去			過去完了形	había hablado

スペイン語の時制は現在・過去・過去の過去と時間帯を区切り、さらに、各時間帯で未完了と完了を分けて表す、と理解してください。

Hablo español.	私はスペイン語を話す。
He hablado español.	今、私はスペイン語を話し終えた。
Hablaba español.	私はその時、スペイン語を話していた。
Hablé español.	私はその時、スペイン語を話した。
Hablaba español.	私はその時よりも前の時点でスペイン語を話していた。
Había hablado español.	私はその時よりも前の時点でスペイン語を話した。

19.2. 線過去形と点過去形—体系の観点から

　線過去と点過去の使い分けはスペイン語文法の難所と言われます。しかし、この二種類の過去形は時制の体系を参照すると理解が深まります。**線過去・点過去は、現在形・現在完了形と平行関係にある**ことに着目してください。つまり**線過去とは現在形の過去版であり、点過去は現在完了の過去版**というわけです。

　現在形と現在完了の違いでつまずく人は多くないでしょう。例えば、

「今日は早起きしたので、とても眠い」

とスペイン語で言いたかったとします。この時、「早起きした」には現在完了、「とても眠い」に現在形を使うのですがそれは特に難しいことではないでしょう。

Tengo mucho sueño ya que hoy me he levantado temprano.

　しかし、これが過去の話になると難易度が上がります。つまり、

「昨日は早起きしたので、とても眠かった」

となると難しく感じるのではないでしょうか。そういう時にこそ、線過去とは現在形の過去版であり、点過去は現在完了の過去版ということを思い出しましょう。

Tenía mucho sueño ya que ayer me levanté temprano.

　このことをさらに大雑把に一般化すると、線過去は日本語の「〜していた」「〜だった」、点過去は「〜した」によく似ているということになります。

19.3. 状態を表す動詞の点過去形

　これまでに述べたように、線過去と点過去の違いは明らかであるケースは少なくありません。しかし、それでも両者のどちらを使うべきかで迷ったり、母語話者の過去形の使用がよくわからないということもまた多くあるでしょう。

おそらく、特に難しいのは、状態・性質を表す動詞を点過去にするケースと思われます。そうした動詞には ser, haber, tener, poder, estar, querer, saber 等があります。いずれも使用頻度の極めて高い動詞ですので、状態を表す動詞を点過去にする機会は多くあります。これらの動詞が点過去になるとどのような意味になるのかを大雑把に把握しておくと、実際のスペイン語に触れる際に便利です。点過去形の本質は過去時に事態が成立したことを表す点にあり、このことを常に意識しておくと、以下のケースの深い理解に役立ちます。

ser: 終わった出来事の感想を総括して述べる
La fiesta fue muy divertida. 「パーティーは楽しかったなあ」
　　　cf. La fiesta era muy divertida, por eso me quedé hasta el final.

haber: 三人称単数 hubo のみ（hay の点過去版）で用いられる
Hace tres años hubo un accidente en el campus. 「事故が起きた」

tener:「〜を得た」　▶tener que＋不定詞「〜しなければならなくなった」（義務の完遂）
En ese momento, tuve una gran idea.
Como llegamos tarde, tuvimos que comprar billetes de nuevo.
　　　cf. Teníamos que comprar billetes, pero la ventanilla estaba cerrada.

poder: 点過去なら出来事の完遂、線過去なら過去の時点での可能性を表す
En esa cena el niño pudo comer el pescado a pesar de que no le gustaba.
　　　cf. El niño podía comer pescado, pero no lo eligió.

estar: 限定された期間中の所在・状態を表す
Hasta 2019 estuve en Bogotá.

querer: 点過去なら「〜を欲した」「〜したいと思った」（英語では *decided to* と訳される場合もある）、線過去なら「（ずっと）欲しかった」「〜したいと思っていた」
Quise comprar una nueva bicicleta y fui a la tienda.
　　　cf. Quería comprar una nueva bicicleta y fui a la tienda.

saber: 点過去なら「（その時に）知った」、線過去なら「（すでに）知っていた」
En la conferencia, supe que la pareja se había casado.
　　　cf. En la conferencia, ya sabía que la pareja se había casado.

 **Ejercicio**

1 適切に活用させましょう。

1）¿A qué hora (acostarse, tú) ayer?

2）¿A qué hora (acostarse) cuando eras estudiante?

3）Ya es muy tarde, pero el niño no (acostarse) todavía.

4）Volví a casa temprano, pero mis hijas ya (acostarse).

5）Las canciones que escuché en el concierto (ser) muy bonitas.

6）Anoche (tener, yo) que estudiar para el examen.

7）Anoche me dormí aunque (tener, yo) que estudiar para el examen.

2 動詞の誤りを訂正し、時制の体系に基づき説明しましょう。

1）Ayer me he levantado tarde.

2）De pequeño, no te gustaron las verduras.

3）Vivíamos en España quince años.

4）Hasta entonces no he cocinado nunca.

3 質問に答えましょう。

1）過去の習慣を点過去形で表現しないのはなぜですか。

2）Iba al mueso, pero fui al cine. について動詞 ir の時制が違うのはなぜですか。

3）「来たかった」Quise venir. / Quería venir. にはどのような違いがありますか。

Capítulo

20 比較構文

本章では「A は B より〜だ（比較）」「A は最も〜だ（最上級）」「A は B と同じくらい〜だ（同等比較）」といった表現を学びます。いくつかの表現は既に本書の例文で使用されていますが、ここでは比較構文を体系的に学びます。

20.1. 比較級

まず、以下の表現を覚えましょう。

más '*more*'　　　　**menos** '*less*'　　　　**que** '*than*'

　形容詞・副詞の前に más/menos をつけると比較表現になります。これは英語の *more/less* と同じ機能と理解してください: más guapo '*more handsome*'。英語では比較対象は *than* で導入しますがスペイン語では que を使います。

Soy más guapo que tú.
Miguel Ángel es menos alto que Leonardo.
Esta mochila es mucho más cara que la mía.　　▶mucho＋比較級「ずっと、はるかに」
Sois menos trabajadores que vuestros padres.
Ángela corre más rápido que Emma.
Os levantasteis más tarde que aquellos chicos.

　más/menos は mucho/poco の比較級です。そのため、単独で「より多い・多く」「より少ない・少なく」という形容詞・副詞として用いられます。この点においても、*more/less* に似ています。

Chloé tiene más dinero que su hermana.
Comiste más que yo.
Esas chicas duermen menos que él.

英語で *gooder* ではなく *better* というように、<u>不規則な比較級が存在します</u>。以下のもの
を覚えておきましょう。形容詞の場合は複数形もあります。

bueno/bien > **mejor** '*better*'
malo/mal > **peor** '*worse*'
抽象義の grande > **mayor** '*older, larger*' ▶物理的 más grande
抽象義の pequeño > **menor** '*younger, smaller*' ▶物理的 más pequeño

Estas bicicletas son mejores que aquellas.
Argentina jugó mejor que Francia.
Este año ha sido peor que el último año.
Yulieski es mayor que Lourdes.
Fátima es menor que Inmaculada.

比較の対象が数詞や節などの場合は que ではなく de でつなぎます。

Cuba tiene más de diez millones de habitantes.
Fuiste más sincero de lo que creíamos.

20.2. 最上級

英語には *best, most* 等、特殊な形の最上級がありますが、スペイン語には存在しません。
<u>比較級の形容詞・副詞、ならびにそれらを含む名詞句に定冠詞、所有詞といった限定詞をつけ</u>
<u>ると最上級になります</u>。
　また、最上級表現は「〜の中で」を表す【de＋名詞】を伴うことが多いです。de 以下の名
詞が普通名詞なら、こちらにも限定詞をつけましょう。

【限定詞＋比較表現＋de＋名詞】
Soy el más guapo de la clase.（×Soy el más guapo de clase.）
La palabra española más larga es *electroencefalografista*.
Batista es el mejor jugador del equipo.
Batista es el que juega mejor del equipo.
Una de las mejores canciones del cantante es *Viento a favor*.
Mi peor año fue 1995.

20.3. 同等比較級

「A と B は同じくらい〜だ」と言う時、英語では *You are as tall as my brother.* のように形容詞や副詞を *as* で挟みます。それに対しスペイン語は **tan** と **como** を使います。

【**tan**＋形容詞・副詞＋**como**＋比較対象】

Eres tan alto como mi hermano menor.

Elisa habla árabe tan bien como Daniel.

Los perros son tan adorables como los gatos.

Esto no es tan simple como parece.

　上記の tan は **tanto** の語尾消失形です。tanto は mucho の同等比較として、形容詞「同じくらい多くの」'*as many/much*'、副詞「同じくらい多く」'*as much*' という二つの用法を持ちます。

【**tanto**＋名詞＋**como**＋比較対象】

　形容詞として使う場合は当然、性数の一致に気をつける必要があります。

Chloé tiene tanto dinero como su padre.

Tengo tantas ropas como tú.

Perdimos tantas cosas como los enemigos.

【動詞＋**tanto como**＋比較対象】

　副詞の場合は動詞を修飾し、性数変化はありません。

El silencio vale tanto como el aplauso.

Trabajamos menos que vosotros, pero ganamos tanto como vosotros.

No te quiero tanto como a mí.

✓ Ejercicio

1 比較級の文を完成させましょう。

1) Este ordenador es（　　　　　）caro（　　　　　）aquel. より高い

2) Estoy（　　　　　）cansado（　　　　　）tú. より疲れていない

3) Mis padres son（　　　　　）（　　　　　）los tuyos. 年上

4) El nuevo proyecto es（　　　　　）（　　　　　）el anterior. 規模が小さい

5) Sus últimas obras son（　　　　　）（　　　　　）las primeras. より悪い

6) Tu móvil es（　　　　　）（　　　　　）el mío. より良い

7) Nuestro tema es（　　　　　）importante（　　　　　）el vuestro. 同じくらい重要

8) Leí（　　　　）libros（　　　　）mi hermana. より多くの

9) Leí（　　　　）libros（　　　　）mi tío. 同じくらい多くの

10) Leí（　　　　）（　　　　）mi abuela. 同じくらい多く

11) Leí（　　　　）（　　　　）cien libros el año pasado. 100冊以上

2 指定の表現と組み合わせて最上級の文に書き換えましょう。

1) Eres alta. + el grupo

2) Este modelo es barato. + esta tienda

3) Aquel diccionario es bueno. + todos

3 作文しましょう。

1) 私は兄よりも勉強する。

2) 私は犬より猫が好き。

3) 今週は先週よりも寒い。

Vocabulario

hermano mayor, semana, hacer frío

21 | 直説法未来形

本章ではスペイン語の未来形・未来完了形について学びます。未来形の規則活用は不定詞が丸ごと語幹になるという特徴があります。また、「未来」形ですが、現在の出来事も表す点に注意しましょう。

21.1. 未来形の活用

未来形は<u>不定詞にそのまま</u> **-é, -ás, -á, -emos, -éis, -án** という語尾をつけます。

hablar	comer	vivir
hablar**é**	comer**é**	vivir**é**
hablar**ás**	comer**ás**	vivir**ás**
hablar**á**	comer**á**	vivir**á**
hablar**emos**	comer**emos**	vivir**emos**
hablar**éis**	comer**éis**	vivir**éis**
hablar**án**	comer**án**	vivir**án**

未来形の不規則活用には以下のものがあります。語尾は規則活用と変わりませんので、yo の活用形を覚えれば大丈夫です。

haber - habré　　poder - podré　　querer - querré　　saber - sabré

tener - tendré　　poner - pondré　　venir - vendré　　salir - saldré

hacer - haré　　decir - diré

21.2. 未来形の用法

　「未来」形ですから当然、未来の出来事を表します。そして重要なのは、**現在の出来事であっても、不確かなことを予測的に述べる場合は未来形を用いる**ということです（推量用法）。

> **未来を表す**

Mañana iré de compras.
¿Cuándo vendrá Hugo?
Yo seré el rey de los piratas.
¿Qué será de mi vida?

> **現在の推量を表す**

¿Dónde está Sara? – No sé, todavía estará en el colegio.
¿Sabes cuántos años tiene Penélope? – Tendrá unos cincuenta años.

21.3. 未来形と現在形 — 推量の有無

　スペイン語の現在形は、実現の可能性が高ければ未来の出来事にも用いられる、ということを思い出してください（▶4章）：

Mañana hago los deberes.

　そして、本章で学んだ通り、未来形は現在の不確かな出来事を表します。このように、スペイン語の現在形は未来の出来事を表しますし、未来形は現在の出来事を表します。このことから、この現在形・未来形という用語は少々ミスリーディングです。hablo と hablaré の直接的な差異は、**動作・出来事の実現可能性の高さ**、ないし、**ある動作・出来事を断言するか推量するか**の違いといえます。推量のニュアンスがあれば未来形を使うことになります：

Mañana haré los deberes.

　「未来形」という用語から、学習者は未来の出来事であれば全て未来形で表す、という傾向があります。しかし実際には、母語話者は未来の出来事を表すために現在形を多用します。逆説的なようですが、未来形を自然に使うコツは、未来の出来事を表す際に未来形を使い過ぎず、出来事の実現可能性に応じて適宜現在形を使用することにあります。

21.4. 未来完了形の活用

haber の現在形と過去分詞で現在完了、線過去形と過去分詞なら過去完了を作れるのと同様に、【haber 未来形＋過去分詞】で未来完了形を作れます。 ▶過去分詞：15章

haber の未来形は不規則活用となることに注意しましょう。

hablar	comer	vivir
habré hablado	**habré** comido	**habré** vivido
habrás hablado	**habrás** comido	**habrás** vivido
habrá hablado	**habrá** comido	**habrá** vivido
habremos hablado	**habremos** comido	**habremos** vivido
habréis hablado	**habréis** comido	**habréis** vivido
habrán hablado	**habrán** comido	**habrán** vivido

21.5. 未来完了形の用法

未来のある時点における完了形「～までに…しているだろう」

Habré llegado a la oficina para las nueve y media.

¿Habrás leído ese libro dentro de dos semanas?

Para mañana, los estudiantes habrán terminado la tarea.

既に見た通り、未来形とは推量のニュアンスの載った現在形といえます。このことから、未来完了形も、推量のニュアンスの載った現在完了形と考えて構いません。

¿Él no es Álvaro? Creo que me habré equivocado.

Me pregunto cuánta gente habrá desaparecido en esta ciudad.

No sabemos si habrá cambiado la regla desde entonces.

Ejercicio

1 未来形を用いて指定の内容で答えましょう。

1) ¿Dónde estudian José y Carlos? (la biblioteca)

2) ¿Cómo viene tu madre? (en coche)

3) ¿Cuántos estudiantes hay? (más de 50)

4) ¿A qué hora sale el autobús? (las dos y media)

5) ¿Qué hora es? (las seis)

6) ¿Qué tiempo hace en Machu Picchu? (buen tiempo)

7) ¿Te dicen la verdad? (Sí)

8) ¿Tu hermano se pone el sombrero? (No)

2 未来形または未来完了形を用いて作文しましょう。

1) 大学の食堂で何を食べる？（vosotros）

2) 明日アメリカに戻るつもり。(yo)

3) 今週末までには両親は日本に帰っている。

4) もうこのホラー映画を観ただろう。(tú)

5) 試験はこの時間には始まっているだろう。

Vocabulario

el comedor, la universidad, volver, los Estados Unidos, fin de semana, padres, ver, película de terror, el examen, empezar/comenzar, a esta hora

22 | 直説法過去未来形

過去の一時点から見て未来に起きる出来事を表す形式として、過去未来形があります。「過去から見た未来」だけでなく過去の推量を表す点に注意しましょう。

22.1. 過去未来形の活用

未来形と同様、不定詞をそのまま語幹とし、**-ía, -ías, -ía, -íamos, -íais, -ían** という語尾を加えて作ります。

hablar	comer	vivir
hablar**ía**	comer**ía**	vivir**ía**
hablar**ías**	comer**ías**	vivir**ías**
hablar**ía**	comer**ía**	vivir**ía**
hablar**íamos**	comer**íamos**	vivir**íamos**
hablar**íais**	comer**íais**	vivir**íais**
hablar**ían**	comer**ían**	vivir**ían**

未来形で不規則形になる動詞は過去未来形でも同様です。また、語幹は未来形のものと共通です。▶21章

haber - habré/habría　　tener - tendré/tendría　　hacer - haré/haría

22.2. 過去未来形の用法

名前の通り、**過去から見た未来時の出来事**を表します。
Me dijeron que el tren se iría a las 18:00.
　　　cf. Me dijeron: – El tren se irá a las 18:00.
Ya sabíamos que serías profesional.
Me dijisteis que haríais los deberes pronto, pero todavía no los habéis hecho.

未来形が現在の推量を表すように、**過去の推量**を表します。

¿Cuándo llegaste? – No sé, serían las cuatro, supongo.

¿Dónde estaba Ana cuando ocurrió el accidente? – Ya estaría en casa.

丁寧さを表すので、敬語のように使えます。高い頻度で用いられる用法です。

¿Podría ayudarme?

Me gustaría pedirle un favor.

　　　＊現在の反実仮想「…なら〜するだろう」Yo, no iría. / No se lo diría. / ¿Qué harías?

　　　　▶反事実条件文：26章

　　　＊deber 過去未来形＋不定詞　Deberías venir. / Deberíamos hablar más.

22.3. 過去未来完了形

haber の過去未来形と過去分詞で過去未来完了形となります。

【haber の過去未来形＋過去分詞】

名前の通り、過去から見た未来時に完了した出来事を表します。

Creía que habría terminado la tarea al día siguiente.

Me dijeron que lo habrían hecho para el 4 de enero.

Decías que te habrías acostado antes de las diez.

　　　＊過去の反実仮想「…なら〜しただろう」No le habría dicho nada.　▶26章

22.4. 補語と使役・知覚構文

　主語や直接目的語の状態・性質・肩書などを表す語句を**補語**といいます。補語は総称で、文脈次第で名詞、形容詞、前置詞句、不定詞、過去分詞、現在分詞など、様々な語が補語として機能します。補語が用いられる構文として 6 章で ser/estar の構文を、13 章で動詞の脱意味化用法を既に取り上げました。15 章の受動文における過去分詞も補語とみなせるでしょう。

Yo soy **profesor**.　yo = profesor

Estoy **triste**.　yo = triste

Me pongo **triste**.　yo = triste

Estoy **de vacaciones**.　yo = de vacaciones

Estoy **confinado**.　yo = confinado

このように、これまでに学んできた補語を用いる構文は**主語 S ＝補語 C** となるものでした。つまり、SVC 構文です。本章ではより発展的な、**直接目的語 O ＝補語 C** となる構文、SVOC 構文について学びます。

使役構文

「S が O を C にする」「S が O に C をさせる」という意味になる構文を使役構文といい、典型的には hacer が用いられます。名詞、形容詞や過去分詞は目的語を修飾していますので、そちらに性数を一致させます。

Tú (S) siempre me (O) haces (V) feliz (C).
Ese accidente (S) me (O) hizo (V) médico (C).
Beber (S) no te (O) hace (V) hombre (C).
Eso (S) la (O) hizo (V) llorar (C).

tener もこの構文で用いられることが多いです。使役構文の tener は SVCO という語順をとり、典型的な補語は過去分詞です。「O を C にしてある」という意味になります。

Ya tengo hecha la tarea.
Es útil tener instalada esa app.

13 章の *become* として使える動詞も、他動詞としてこの構文で用いることができます。これは偶然ではありません。そもそも同章で見た再帰動詞による「～になる」の表現も使役構文の一種とみなせるためです。

El cantante las volvió locas.
　　　cf. Se volvieron locas de alegría.
La canción le pone triste.
　　　cf. Él se pone triste cuando oye la canción.

知覚構文

「O が C する・C であるのを見る/聞く/感じる」という内容を表す構文です。
Te siento cerca de mí.
La vi ahí de pie.
Te juro que no lo vi venir.
Le oímos llorar.

✓ Ejercicio

1 次の文を間接話法に書き換えましょう。

1) Me dijo: – Vendré contigo mañana.

2) Nos decían: – Nos levantaremos temprano.

3) Me dijiste: – Mi hermano habrá llegado para Navidad.

2 過去未来形または過去未来完了形を用いて作文しましょう。

1) あの当時ホルヘは18歳でボリビアに住んでいただろう。

2) あなたとお話ししたいのですが。私の研究室に来てくださいますか。

3) 12月10日までにはクリスマスカードを書いているだろうと私は彼に言った。

3 **hacer**を用いて使役構文に言い換えましょう。

1) Me ponía alegre hablando con ella.
   = Hablar con ella (　　　　　　) (　　　　　　　　　　　) alegre.
2) Estáis contentos con el resultado.
   = El resultado (　　　　　　) ha (　　　　　　　　　) contentos.
3) Lloramos después de ver aquel vídeo.
   = Aquel vídeo (　　　　　　) (　　　　　　　　　) llorar.

4 次の動詞を用いて作文しましょう：**oír, tener, ver**

1) 彼らがキャンパスの周りを走っているのを見た。(yo)

2) ビジョンをとても明確にしてある。(nosotros)

3) 君がスペイン語で話すのが聞こえた。(yo)

Vocabulario

en aquel entonces, Bolivia, despacho, escribir, tarjetas de Navidad, diciembre, correr, alrededor, el campus, claro, la visión

23 関係詞

10 章では関係詞 que を学びましたが、本章ではより発展的な用法や、別種の関係詞を学びます。

23.1. 前置詞＋関係詞

関係詞は文で名詞を修飾し、無駄のない表現を行うために用いられます。Este es el chico. El chico estudia español. というと、el chico が重複し、なんとも「重たい」印象を与えます。そこで二つ目の el chico を関係代名詞 que に置き換えて、一つ目の el chico（先行詞）に接続させると Este es el chico que estudia español. と一文で、よりシンプルに表すことができます。この点については 10 章で学びました。

それでは、関係詞を用いて以下の二文を一文にまとめると、どのようになるでしょうか。

(a) Este es el lápiz. (b) Escribo con el lápiz.

el lápiz が重複しているわけですから、(b) の el lápiz を que に置き換えて (a) に接続させればよさそうです。以下のようになるのではないでしょうか。

(c) Este es el lápiz que escribo con.

一見よさそうな気もしますが、(c) の文は**重要な文法規則を破っています**。7 章、疑問詞の内容を思い出してください。スペイン語では前置詞で文や句を終えることができないのでした：¿De dónde eres?（×¿Dónde eres de?）。つまり (c) は前置詞 con で文が終わっているため、スペイン語として成立していないというわけです。したがって、**前置詞は文末に残さず、関係詞と一緒に先行詞に接続します**。通常は定冠詞を伴います。

Este es el lápiz con el que escribo.

前述の理由により**スペイン語では【前置詞＋定冠詞＋関係代名詞 que】という句が多用されます**。英語では *This is the pencil that I write with.* が可能であるのに対し、スペイン語はルールが異なりますので気をつけましょう。関係詞節の動詞と先行詞の関係において前置詞が果たす役割に注目してください。

　練習として以下の例文を分解しましょう。

Es una época en la que no existía el smartphone.
Imagina una calle por la que pasas frecuentemente.
Tienes que limpiar la olla a la que se le pegó la comida.

　先行詞が人の場合【前置詞＋定冠詞＋que】は【前置詞＋quien(es)】も可能です。

Este es el chico con el que jugué al fútbol ayer.
= Este es el chico con quien jugué al fútbol ayer.

23.2. 関係副詞

donde　関係副詞 *where* に相当
Es una playa donde me siento feliz.

　この例文は以下の二文が合わさったものです。(b) の下線部は場所を表すので、場所の関係詞 donde に置き換え (a) に接続しています。

(a) Es una playa. (b) Me siento feliz en la playa.

　この donde はなぜ関係副詞という名前なのでしょうか。**en la playa** は me siento feliz という動詞句を修飾しています。つまり、その働きは副詞的です（▶4章）。このように、**本来副詞的な句を関係詞に置き換えているので、関係副詞と呼ばれています。**

　また、前置詞と関係代名詞 que を使って言い換えることも可能です。
Aquí hay un bar donde se puede pedir el plato típico de la ciudad.
= Aquí hay un bar en el que se puede pedir el plato típico de la ciudad.

cuando　関係副詞 *when* に相当
Es una época cuando no existía el smartphone.

23.3. 関係形容詞

cuyo　*whose*　所有の対象に性数の一致をします。

Este es el coche cuyo diseño me gusta mucho.

Este es el libro cuya trama es emocionante.

Estos son los pájaros cuyas canciones son muy hermosas.

23.4. 先行詞不要の関係詞

　これまでに見てきた関係詞は基本的に先行詞の直後に置くものでしたが、先行詞不要のものもあります。

quien　*who* に相当　複数形あり

Quien tiene una abuela, tiene un tesoro.

Sus clientes ya no son quienes solían ser.

Es un libro para quienes están buscando una vida mejor.

(= Es un libro para aquellos que están buscando...)

定冠詞＋que　*the one(s) that*　人・物共に使用可能

El que tiene una abuela, tiene un tesoro. (= Quien tiene una abuela, tiene un tesoro.)

La que está ahí es Juana.

Su sonrisa es la que quedará eterna en mi memoria.

Este chico es al que regalé un chocolate.

Este hombre es con el que quiero hablar sobre mi futuro.

lo que　関係代名詞 *what (the thing which)*

Es lo que les dije.

Lo que me gusta es viajar a lugares nuevos.

Haz lo que te dijeron.

Ejercicio

1 関係詞を用いて一つの文に書き換えましょう。

1) La chica se llama Raquel. + Estudio español con ella.

2) Estamos en una ciudad. + El escritor nació en la ciudad.

3) Aquel profesor enseña Biología. + Espero a él ahora.

4) Me interesan estos temas. + Hemos hablado de los temas en la clase de hoy.

5) Ese edificio fue construido hace cien años. + Trabajo en el edificio.

6) Quiero comprar unos libros. + El autor de los libros recibió el Premio Nobel.

7) Me gusta mucho este artista. + Sus obras son muy originales.

2 先行詞不要の関係詞を用いて作文しましょう。

1) たくさん練習する者は速く習得する。

2) 将来多くの仕事がなくなるだろうと言う人たちがいる。

3) あの選手が、昨日ゴールを決めた人です。

4) これらの百科事典が、私たちが課題に使いたいものです。

5) 君たちがしたいことを私に言って。

6) 君の言うことが理解できない。(yo)

Vocabulario

practicar, aprender, rápido, trabajos, desaparecer, el futuro, jugador, marcar un gol, enciclopedias, usar/utilizar, la tarea, entender

24 | 接続法現在形1

本章では英語の仮定法に相当する接続**法**について学びます。「法」は時制に並ぶ重要な要素で、接続法はこれまでに学んできた直説法とは異なります。ここでは法とは何か、ならびに直説法と接続法はどのような点で異なるのかを考えます。

24.1. 接続法現在形の活用

接続法には現在形と過去形、およびその完了形が存在します。まずは接続法現在の活用を学びましょう。-ar 動詞には -er 動詞の直説法現在形とほぼ同じ活用語尾を、逆に-er/-ir 動詞については、-ar 動詞のものとほぼ同じ語尾をつけて活用します。

hablar	comer	vivir
habl**e**	com**a**	viv**a**
habl**es**	com**as**	viv**as**
habl**e**	com**a**	viv**a**
habl**emos**	com**amos**	viv**amos**
habl**éis**	com**áis**	viv**áis**
habl**en**	com**an**	viv**an**

cf. llegar > llegue, tocar > toque

直説法現在で不規則活用をする動詞は接続法現在でも不規則です。とはいえ直説法現在の活用が頭に入っていれば、接続法現在の活用は容易です。なぜなら基本的に、**直説法現在の yo 活用形の語幹が引き継がれるからです**。語尾は上の表の通りです。

tener（tengo）> tenga	hacer（hago）> haga	decir（digo）> diga
poner（pongo）> ponga	venir（vengo）> venga	salir（salgo）> salga
ver（veo）> vea	conocer（conozco）> conozca	

語幹母音変化動詞についても同様のことが言えます。

poder	querer	acostarse
pue**da**	quier**a**	me acues**te**
pue**das**	quier**as**	te acues**tes**
pue**da**	quier**a**	se acues**te**
pod**amos**	quer**amos**	nos acost**emos**
pod**áis**	quer**áis**	os acost**éis**
pue**dan**	quier**an**	se acues**ten**

ただし **-ir** 動詞は例外的です。**nosotros, vosotros** の活用形で語幹が **e > i, o > u** になることに気をつけましょう。

pedir	sentir	dormir
pida	sienta	duerma
pidas	sientas	duermas
pida	sienta	duerma
pidamos	**sintamos**	**durmamos**
pidáis	**sintáis**	**durmáis**
pidan	sientan	duerman

直説法現在の yo の時の活用とは異なる不規則活用をする動詞も少数存在します。

ser	haber	estar	ir	dar	saber
sea	haya	esté	vaya	dé	sepa
seas	hayas	estés	vayas	des	sepas
sea	haya	esté	vaya	dé	sepa
seamos	hayamos	estemos	vayamos	demos	sepamos
seáis	hayáis	estéis	vayáis	deis	sepáis
sean	hayan	estén	vayan	den	sepan

24.2. 「接続」「法」とは

次に、接続法をいつ使うのかを確認します。まず、接続法の「接続」は接続詞、より具体的には従属接続詞（que, cuando, aunque, etc. ▶10章）と関連があります。つまり基本的に、**接続法は従属節内でのみ用いられる**活用形です。

難しいのは、従属節内だからといって、常に接続法が用いられるわけではないということです。これまでに従属節は既に何度も登場してきましたし、その内部では直説法が用いられていました：Creo que él habla español.

ではいつ接続法が必要になるのでしょうか？そもそも「法（叙法）」とは、**発言をする際の態度**を指します。スペイン語では直説**法**現在、接続**法**現在 etc. というように、動詞の形を変えることで、時制だけでなく、どういう態度で物事を述べているのかを表します。

　これまでに学んできた**直説法とは《発言内容が事実であることを強調する態度》**といえます。非常に大袈裟に言えば、次の文は以下のように翻訳可能です。

Él habla español.
「彼はスペイン語を話します。**《これは事実です！》**」

　このように、これまでに学んできた直説法とは、事実であることを強調するという強めのニュアンスが載せられています。それ故に、**直説法を使用することのできない環境が存在します**。以下のようなケースです。

×No creo que él habla español.

　この文がおかしいのは、主節と従属節が矛盾しているためです。分けてみるとわかりやすいでしょう。

No creo que 　　　＋　él habla español.
「私は〜と思わない」　＋「彼はスペイン語を話します。**《これは事実です！》**」
⇒??彼はスペイン語を話します（**これは事実です！**）と私は思わない。

　主節における「〜と思わない」という表現と、従属節内の直説法による事実認識の強調が矛盾しているため、No creo que él habla español. はおかしい、というわけです。

　これを一般化すると、主節が否定的な内容を表す時に、従属節内では直説法を使用することはできない、ということになります。そこで接続法にお鉢がまわってくるわけです。接続法とは、直説法の否定です。つまり**《発言内容が事実であることを強調しない態度》**と言えます。このことから「彼はスペイン語を話す」という日本語は、厳密にはむしろ Él hable español. に近いと言えるでしょう。接続法はこうした性質を持ちますので、主節が従属節の内容を否定する時も問題なく用いることができます。

○No creo que él hable español.

　このように、主節のニュアンスが直説法で表される態度と合致せず、従属節内で直説法を使うことができないケースは多々あります。例えば主節が従属節の内容について願望・要求・疑問・感情などを述べる場合も、従属節内は接続法を使わなければなりません。仮定的な条件なども同様です。つまり**接続法とは直説法の守備範囲外をカバーする表現手段**と言えます。

Ejercicio

1 接続法現在形に活用させましょう。　◆なぜ接続法が用いられるのか考えてみましょう。

1) Me alegro de que (estudiar, vosotros).　君たちが勉強してくれて私は嬉しい。

2) Es imposible que (comer, tú) todo.　君が全部食べられるなんてあり得ない。

3) Es una lástima que no (venderse) ese libro.　その本が売られていないのは残念だ。

4) Espero que te (gustar) la paella.　パエリアが君に気に入るといいな。

5) Que (volver, ella) pronto.　彼女が早く帰って来ますように。

6) Quiero que (venir, tú).　私は君に来て欲しい。

7) No es verdad que (venir, ellos).　彼らが来るというのは本当ではない。

8) Es mejor que (ir, tú).　君は行った方が良い。

9) Siento mucho que (irse, usted).　あなたが帰ってしまうのはとても残念だ。

10) Luis me dice que (estar, yo) en casa.　私はルイスに家にいるように言われている。

11) Busco un intérprete que (saber) catalán.　カタルーニャ語が分かる通訳を探している。

12) ¿Hay alguien que (querer) participar?　誰か参加したい人いる？

13) Avísame cuando (llegar, tú).　君が着いたら私に知らせて。

14) Vamos a salir cuando (hacer) buen tiempo.　天気が良くなったら出掛けよう。

15) Tomad leche caliente para que (dormir, vosotros) bien.

よく眠れるようにホットミルクを飲みなさい。

25 接続法現在形2

前章では、直説法を使うことのできない従属節内で接続法を用いることを学びました。本章では具体的に、どういう従属節で接続法を使用するのかを学びます。

25.1. 名詞節

名詞の役割を果たす従属節は名詞節と呼ばれます。その名詞節内の動詞について、接続法の使用が必須になることがあります。具体的には以下のケースです。例文を確認しつつ、<u>なぜ、以下の条件下で直説法が使えないのか</u>を考えてみましょう。

主節の動詞が<u>願望</u>を表す場合

Quiero que me esperes.（×Te quiero esperarme.）
　　　cf. Quiero esperarte.
Muchas personas no desean que empiece una nueva guerra.
Esperamos que ya hayas terminado la tarea.

▶願望を表す部分を独立させる用法「〜でありますように」(**祈願**)
　【ojalá（＋que）＋接続法】または【que＋接続法】
Ojalá（que）llueva pronto, porque el jardín necesita agua.
Que ganen los buenos y que pierdan los malos.

主節の動詞が<u>要求・命令・指示・推薦</u>を表す場合

Mi jefe me ha pedido que prepare un informe para la próxima reunión.
Te recomiendo que leas este libro, es muy interesante.
Los profesores nos mandan que apaguemos nuestros móviles en la clase.
Mi madre me dice que estudie mucho.
　　　cf. Mi madre me dice que hoy va a hacer mucho calor.

主節に疑問・可能性を表す動詞や表現がある場合

Dudo que podamos ir a la playa este fin de semana.

No estoy segura, pero es posible que Juanito venga a la fiesta.

主節に感情・主観的判断を表す動詞や表現がある場合

Me alegro de que te guste la cena que he preparado.

Es muy triste que hayan cancelado el concierto al que queríamos ir.

25.2. 形容詞節

　関係代名詞が先行詞の名詞を修飾する場合、その関係代名詞節は形容詞的です。<u>先行詞が実在しない想像上の人・物である場合</u>には、関係詞節の中の動詞は接続法となります。

Buscamos una secretaria que sepa español y portugués.

　　cf. Buscamos a la secretaria que sabe muy bien español y portugués.

Aquí no hay nada que necesitemos.

Quien hable mucho sin saber, puede equivocarse fácilmente.

25.3. 副詞節

　cuando, aunque, para que といった従属節は主節を修飾しているわけですから、副詞的です。こうした副詞節が<u>仮定的な内容を表す</u>場合、接続法が用いられます。

Cuando vengan mis amigos, iremos a la playa.

　　cf. Cuando vienen mis amigos, siempre vamos a la playa.

Celebraremos la fiesta aunque llegue tarde Luisa.

　　cf. Celebraremos la fiesta aunque llega tarde Luisa.

Trabajan muy duro para que podamos estudiar en el extranjero.

24

25.4. 命令法 ②

　接続法現在は命令法と地続きでもあります。14 章では tú, vosotros に対する肯定命令形を学びました。それ以外の肯定命令形（usted, nosotros, ustedes に対する命令）や全ての否定命令形は、接続法現在と同形です。

> **肯定命令**

Por favor, venga aquí cuanto antes.

¡Hablemos el mismo idioma!

Hagan lo que yo les diga.

　あくまでも接続法現在と同形なだけで、命令法という別種の形態であることに気をつけましょう。したがって、目的格代名詞や再帰代名詞は直結させます。▶14章

Dime / Dígame / Decidme / Díganme la verdad.

Levántate / Levántese / Levantémonos / Levantaos / Levántense temprano.

　再帰名詞の nosotros, vosotros への命令形は活用語尾の -s, -d がそれぞれ省略される点にも注意してください。（×Levatémosnos. ×Levantados.）

> **否定命令**

　人称・数を問わず、接続法現在と同形です。目的格代名詞、再帰代名詞は直結されず、動詞の直前に置かれます。

No digas tonterías.

No me digas.（×No dígasme.）

No se lo dejes.

No os levantéis temprano.

No te vayas.

No entren en la zona prohibida.

✓ Ejercicio

1 接続法現在形の文を完成させましょう。

1) El médico me _____ que (pasear).　散歩するよう勧められている

2) _____ que el niño (tener) miedo.　怖がっているかもしれない

3) _____ de que nos (haber, tú) visitado.　訪ねてくれて嬉しい

4) _____ (ser, vosotros) felices.　幸せでありますように

2 次の各文で接続法を用いるべきか判断し、その理由を説明して作文しましょう。

1) 私は君にたくさん勉強して欲しい。私もたくさん勉強したい。

2) 明日天気が良いとは思わない。雨が降ると思う。(yo)

3) 日本に住むスペイン人を知っている。スペインに住む友人はいない。(yo)

4) 寒いけど毎日走る。たとえ大雨でも走るつもりだ。(yo)

3 指定の相手に対する肯定・否定命令を作りましょう。下線部は代名詞に言い換えること。

1) volver ahora (tú)

2) comer este plato (ustedes)

3) quitarse los zapatos (usted)

4) sentarse (nosotros)

5) acostarse (vosotros)

6) darle la revista a él (usted)

4 作文しましょう。

1) 心配しないで。楽しく過ごせますように。(tú)

2) 私にそれを持って来てください。気をつけてください。(usted)

Vocabulario

también, preocuparse, pasarlo bien, traerlo, tener cuidado

26 接続法過去形

接続法にも過去形が存在します。接続法過去形は過去の出来事だけでなく、現在の事実に反する出来事も表します。

26.1. 接続法過去形の活用

　接続法過去は直説法点過去の三人称複数形を元に作ります。語尾 -ron を取り除き、**-ra, -ras, -ra, -ramos, -rais, -ran** ないし、**-se, -ses, -se, -semos, -seis, -sen** という活用語尾をつけることで接続法過去となります。-ra 形と -se 形は微妙な意味の違いや地域毎に好まれる形が存在しますが、入門レベルでは同じものと考えて構いません。どちらの場合も nosotros が主語の際はアクセント記号が必要です。

hablar (hablaron)	**comer** (comieron)	**vivir** (vivieron)
habla**ra**	comie**ra**	vivie**ra**
habla**ras**	comie**ras**	vivie**ras**
habla**ra**	comie**ra**	vivie**ra**
hablá**ramos**	comié**ramos**	vivié**ramos**
habla**rais**	comie**rais**	vivie**rais**
habla**ran**	comie**ran**	vivie**ran**

hablar (hablaron)	**comer** (comieron)	**vivir** (vivieron)
habla**se**	comie**se**	vivie**se**
habla**ses**	comie**ses**	vivie**ses**
habla**se**	comie**se**	vivie**se**
hablá**semos**	comié**semos**	vivié**semos**
habla**seis**	comie**seis**	vivie**seis**
habla**sen**	comie**sen**	vivie**sen**

点過去で不規則活用をする動詞も同様です。　▶16章

ser/ir（fueron）＞ fuera	haber（hubieron）＞ hubiera
tener（tuvieron）＞ tuviera	poder（pudieron）＞ pudiera
estar（estuvieron）＞ estuviera	querer（quisieron）＞ quisiera
leer（leyeron）＞ leyera	dormir（durmieron）＞ durmiera

26.2. 接続法過去形の用法

　接続法過去も前章までに学んだ接続法現在と同様に、基本的には直説法を使うことのできない従属節内で用いられます。名前の通り過去の出来事を表します。

No creo que hiciera buen tiempo ayer.
　　　cf. No creo que haga buen tiempo hoy.
Me alegro de que estuvieras conmigo en los momentos muy difíciles.

　従属節内は時制の一致が適用される環境でもあります。したがって、主節の動詞が過去形かつ接続法を導くものであれば、従属節内の動詞は原則的に接続法過去形となります。

Quería que aprobarais.
　　　cf. Quiero que aprobéis.
Dudaban que yo dijera la verdad.
　　　cf. Dudan que yo diga la verdad.
Pensaba irme cuando llegasen ellos.
Me gustaría que hubieras visto la película.
Me alegré de que hubiera venido.
　　　cf. Me alegro de que haya venido.

　＊Quisiera＋不定詞：丁寧表現　Quisiera hablar con usted.

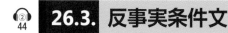

26.3. 反事実条件文

現在の事実に反する条件文は【si＋接続法過去, 過去未来】という形で表現します。

Si yo fuera pájaro, volaría hacia ti. *'If I were a bird, I would fly to you.'*

Si tuviera tiempo, iría al cine contigo.

Si supiera tocar el piano, te cantaría todos mis pensamientos.

過去の事実に反する条件文は【si＋接続法過去完了, 過去未来完了】という形で表現します。

Si hubieras estudiado más, habrías aprobado el examen.

Si hubiera sabido que ibas a venir, habría preparado algo para cenar.

Si me hubiera tocado la lotería, habría comprado una casa más grande.

▶過去未来・過去未来完了：22章

▶【si＋直説法現在】話し手が実現の可能性が高いと考えている場合の条件文：10章

    Si tengo tiempo, hago ejercicio.

    Si estudias más, aprobarás el examen.

    Si tienes tiempo, no te olvides de comprar pan.

☑ Ejercicio

1 主節を指定の時制に、下線部を接続法過去形に変え、全文を書きましょう。

1) Me gusta que <u>aprendas</u> idiomas extranjeros. > 過去未来形

2) No creo que <u>hayan hecho</u> los deberes. > 点過去形

3) Es mejor que <u>nos quedemos</u> en casa. > 過去未来形

4) No hay nadie que <u>sepa</u> la verdad. > 線過去形

5) Me dejas un abrigo para que no <u>tenga</u> frío. > 点過去形

6) Voy a llamarte cuando <u>vuelva</u> a casa. > 線過去形

2 作文しましょう。

1) 私たちが去年一緒にスペインへ旅行したことが私は嬉しい。

2) 両親は私に遅刻しないようにと言っていた。

3 主語を **yo** として反事実条件文を作りましょう。

1) もし今時間があったら、運動するのに。

2) もし今スペインにいたら、祭りに行くのに。

3) もしあの日時間があったら、宿題したのに。

4) もしあの日君と出会わなかったら、私は今ここにいないだろう。

Vocabulario

juntos, llegar tarde, la fiesta, conocerte

			英語
1. 定冠詞 + que	先行詞抜きで用いられる関係詞 El que estudia, aprende.		*the one who/that*
2. 定冠詞 + cual	フォーマルな文脈において非制限用法で用いられる関係詞 El libro, el cual compré ayer, es muy interesante.		*the one who/that*
3. aquel que	先行詞抜きで用いられる関係詞 Aquel que estudia mucho tendrá éxito.		*the one who*
4. ir a + 不定詞	未来性を表す助動詞 Esta tarde voy a ver a mi novia.		*be going to V*
5. tener que + 不定詞	義務を表す助動詞 Tienes que aprender mucho.		*have to V*
6. volver a + 不定詞	再度の行動を表す助動詞 Quiero volver a visitar Bilbao el próximo año.		*do something again*
7. comenzar a + 不定詞	出来事の開始を表す助動詞 Cuando salimos de casa, comenzó a llover.		*start to V*
8. empezar a + 不定詞	出来事の開始を表す助動詞 Mis padres empiezan a cocinar a las siete.		*start to V*
9. llegar a + 不定詞	困難の末に何かを成し遂げたことを表す助動詞 El atleta llegó a alcanzar su mejor marca personal.		*manage to V*
10. llevar a cabo	実行や実施を意味する動詞 Vamos a llevar a cabo una investigación.		*to carry out*
11. un poco	量や程度が少ないことを示す副詞、代名詞 Estoy un poco cansado.		*a little*
12. a nivel	水準や程度を示す副詞句 Estamos trabajando a nivel nacional.		*at the level of*
13. de acuerdo	同意や承諾を示す副詞 De acuerdo, nos vemos a las cinco.		*agreed, OK*
14. de forma + 形容詞	形容詞を副詞化する接辞、形容詞は forma に性数一致 Puedes descargar este libro electrónico de forma gratuita (= gratuitamente).		*-ly*
15. de manera + 形容詞	形容詞を副詞化する接辞、形容詞は manera に性数一致 Trabajamos de manera eficiente (= eficientemente).		*-ly*
16. cada uno	個々の人、ものを指す代名詞 Cada uno debe llevar su propio bolígrafo.		*each one*

装丁──明昌堂

新スペイン語文法
－詳解と実践－

検印
省略

© 2024 年 1 月 30 日　　第 1 版 発 行

著者　　　　　　　　　蔦 原　　亮
　　　　　　　　　　　辻　　博 子
　　　　　　　　　　　宮 城 志 帆

発行者　　　　　　　　小 川 洋 一 郎
発行所　　　　　　株式会社 朝 日 出 版 社
　　　　　　〒 101-0065 東京都千代田区西神田 3-3-5
　　　　　　　　電話(03) 3239-0271·72 (直通)
　　　　　　　　　http://www.asahipress.com/
　　　　　　　　振替口座　東京　00140-2-46008
　　　　　　　　　明昌堂／信毎書籍印刷

乱丁，落丁本はお取り替えいたします
ISBN978-4-255-55151-7 C1087

本書の一部あるいは全部を無断で複写複製（撮影・デジタ
ル化を含む）及び転載することは、法律上で認められた場
合を除き、禁じられています。

数字

cero	diez	veinte	treinta	ciento uno	mil
uno	once	veintiuno	treinta y uno	ciento diez	diez mil
dos	doce	veintidós	treinta y dos	doscientos	cien mil
tres	trece	veintitrés	cuarenta	trescientos	un millón
cuatro	catorce	veinticuatro	cincuenta	cuatrocientos	diez millones
cinco	quince	veinticinco	sesenta	quinientos	cien millones
seis	dieciséis	veintiséis	setenta	seiscientos	mil millones
siete	diecisiete	veintisiete	ochenta	setecientos	diez mil millones
ocho	dieciocho	veintiocho	noventa	ochocientos	cien mil millones
nueve	diecinueve	veintinueve	cien	novecientos	un billón

1987	mil novecientos ochenta y siete
2030	dos mil treinta
123 456 789	ciento veintitrés millones cuatrocientos cincuenta y seis mil setecientos ochenta y nueve

1	uno	un día, una semana, un mes, un año
11	once	once días, once semanas, once meses, once años
21	veintiuno	veintiún días, veintiuna semanas, veintiún meses, veintiún años
31	treinta y uno ＋名詞 ⇒	treinta y un países, treinta y una ciudades
100	cien	cien euros (€100), cien libras (£100)
101	ciento uno	ciento un euros (€101), ciento una libras (£101)
200	doscientos	doscientos euros (€200), doscientas libras (£200)

序数 (1º/1ª, 2º/2ª...) primero, segundo, tercero, cuarto, quinto, sexto, séptimo, octavo, noveno, décimo
⇒ el primer día, la segunda semana, el tercer mes, Isabel I (primera), Carlos I (primero), Felipe VI (sexto)

時の表現

時刻	**¿Qué hora es? – Es la una. / Son las dos.** [Son las tres y diez. (3:10) Son las cuatro y cuarto. (4:15) Son las cinco y media. (5:30) Son las seis menos cuarto. (5:45)]
曜日	**¿Qué día es hoy? – Hoy es lunes.** [martes, miércoles, jueves, viernes, sábado, domingo]
日付	**¿A cuántos estamos hoy?**/¿Qué fecha es hoy? – **Estamos a** [Hoy es] **doce de octubre.**
年月日	Hoy es (martes,) ocho de abril de dos mil veinticinco. (08/04/2025)

時の表現（副詞的用法）

時刻	¿A qué hora comes? – Como **a la** una y media. ¿A qué hora vienes? – Vengo **a las** diez de la mañana. [de la tarde, de la noche]
曜日	¿Cuándo es el examen? – Es **el** viernes. / Es este miércoles. ¿Cuándo estudias español? – Estudio español **los** jueves. [sábados, domingos]
日付	¿Cuándo llegas? – Llego **el** treinta y uno (**de** julio).
月	¿Cuándo viajas a España? – Viajo **en** agosto.
季節	¿Cuándo me visitáis? – Te visitamos **en** primavera. [verano, otoño, invierno]
年	¿Cuándo naciste? – Nací **en** dos mil seis. / Nací hace diecinueve años.